學會看流年

用紫微斗數看懂自己的流年運勢

大耕老師
琥珀老師
——著

利用命宮主星推算每年基本運勢的快速判斷方法

7. 太陰星

8. 廉貞星

9. 七殺星

前言1

一本就通！教你推算流年的基本功

大耕老師

多年來我一直致力於推廣紫微斗數，成為可以讓大眾簡單應用的一門命理預測學，並且希望在現代化跟簡單實用的過程中，不會讓紫微斗數失去了原本的精準度，以及保持它多元多樣立體化的預測能力，而不再只是傳統上的命理老師說今年虎年會如何，或坊間說巨蟹座這個月容易怎樣這類簡單、平面籠統的論點，我希望讀者可以透過對於自己命盤的掌握，知道自己在每年、每個時間點該做的準備與安排。如同了解自己的身體健康狀態，才能執行好該有的健身計畫或工作旅遊等活動，用自己的命盤去尋找真正適合自己的時間點，絕對會比單純地利用農民曆更加精確，也更適合自己，因為那是屬於自己的命盤。

但是長久以來，紫微斗數（或者說傳統的命理學）因為受到各類因素的影響，例如商業的需要（神神秘秘的獨家秘訣），或者仿照西方占星術，因為希望可以被歸納成簡單的學問，卻把原始精神也給簡化到消失無蹤，而因此讓學習者或是有興趣的人往往覺得紫微斗數看起來沒有西方占星好理解，就算學很久也只能說說基本命盤，無法真實地運用在生活中。而實際上，許多命理師都不會跟命主說每年每個月的生活需要注意哪些事項，無法給予明確的方向跟建議，主要原因是這通常是高手等級的命理師訣竅，所以一般也不願意外流，但這卻是我們學習命理所需要知道的。因此，我一直希望出一本書可以用簡單的方式來教大家：自己看基本的每年每個月的注意事項。

紫微斗數就像人生指南，尤其它的強項是能論出「年」、「月」、「日」的變化。命盤就像一張早就排好的人生行事曆，只是它所需要使用的解讀方式稍有複雜（畢竟這個人生行事曆只寫在一張紙上，卻排滿一輩子的人生工作表）。但事實上，只要了解解讀方式後，就可以依照表格逐一判讀，輕鬆理解自己每一年、每個月會發生的事情。

不過，單純的教學書籍一向不是我們學會出書的準則，將實際案例跟應用手法帶入學習中，才是我們的風格，所以我們認為這樣的「基本功」學習書，應該搭配用 2023 年流年趨勢推算，來做為這本書的主軸，並且教會大家怎麼推算自己的流年流月趨勢，以及附上 2023 年整年度的趨勢預測和每個月的情況，做為大家學習上的參考。而這樣的書籍必然需要一個能夠清楚整理技巧的人，也需要能夠有條理呈現推算過程的人，因此這本書是由我（大耕）以及我們學會課程講義的編寫老師之一「琥珀老師」一起完成。琥珀老師本身為留法的口譯專家，具備豐富的外文能力與閱讀習慣，造就他深厚的各類學識底蘊。多年大型國際企業的從業經驗，也讓他具備完善的整理資訊的邏輯能力，因此在學會中負責助教團與講師的訓練課程，以及各類文資的編纂。由他來做這本書的合著作者，負責對於紫微斗數新手要快速上手使用流年命盤的技巧等內容，讓大家可以很快地將紫微斗數命盤做為每年每月的自我趨勢判斷，應該比我自己來整理更加完善。

前言2

從命盤看見人生的風險與機會

琥珀老師

「我是琥珀。在成為命理師之前，我是一個專業的中、英、法三語口筆譯者，也曾經任職海外品牌授權與代理、採購、行銷，甚至是補教業的授課老師與民宿經營，工作足跡遍布歐洲、香港及中國。」

這是我32歲之前職涯的概述，看起來似乎相當順利。如果再加上我在22歲就達到了一般認定的百萬年薪門檻，24歲開始走入管理職，學業雖然有些遺憾，但至少是個放洋碩士，而且還是在大家眼中浪漫的巴黎完成，那更是符合普遍所謂「好」的價值觀。然而，所有的經歷都不是一蹴可及，不過是和許多人一樣，報喜不報憂，字面上用簡單兩三句話就描述完的經歷，是經過幾番迷惘與波折才有所成就的。

我是七年級生，不但遠遠錯過所謂「台灣錢淹腳目」、經濟大好的年代，我生長在瀰漫著失敗主義的環境。我的原生家庭因為受詐騙而家道中落、嚴重負債，導致我在本應好好地自我探索的青少年時期，就必須學會陪伴有心理問題的親屬。而在我到海外準備完成學業、與社會接軌之際，又面臨至親驟然離世，一瞬間家中的經濟重擔直接砸壓在我肩上，賺錢、還債、賺錢、還債成為我那些年不得不反覆完成的目標，雖然努力多年終於解除負債，卻發現自己心理上瀕臨累倒。

人生百味，或許這樣的故事不算特別，但有過相似經驗的人想必能了解箇中的壓力。好在我向來有那麼一點「屁孩特質」，我那任性不服輸的標準配備，讓我能貫徹自己的想法、走過荊棘。只不過一路上，我也一定多次將自己走進死胡同。現在回想，過剛易折，我很慶幸在十四歲就遇到了紫微斗數，讓我在前半輩子的每個變動起迭中，找到重新施力的方向和達成目標的正確方式——如何不受傷（或不受重傷）地走過風險、如何抓住人生奮起的機會，並從中認識自己真實的特質與潛力。

人生所有的狗吃屎，都跌在「我以為我可以」

所有的命理預測都是圍繞著三個元素展開：人、時間、空間（或者古人愛說的天時、地利、人和），也就是：一個人的個性，在什麼樣的時間與空間會產生的各種不同反應，進而導致不同的結果。

接下來就透過我曾跌個狗吃屎的實際經歷，幫大家刻畫時間與空間的影響。

我不是一個會打架鬧事的人，升學考試成績也向來不差，但是常常被老師約談。老師通常深深地嘆氣後，說：「我不知道要說你哪裡不對，但你真的是一個問題學生你知道嗎？你根本就是智慧型犯罪的料子。」

小學遭受過老師帶頭霸凌，導致年少時的我非常享受「就是喜歡你討厭我，又拿我沒辦法的樣子」。於是，以各種走鋼索般的行徑讓所有權威者唉聲嘆氣就是我的嗜好。因為我每天被老師寫聯絡簿、打電話跟父母關切，父母自然擔心，在不知如何是好的狀況之下，他們選擇求助的是命理老師，雖然聽起來很不合理，但真的改變了我的一生（從十四歲開始被算命算到自己變成命理師，應該算受到一生的影響吧）。

我遇到了一個很正派且有真才實學的命理師，讓抱持著挑戰心態上門的小屁孩當場被紫微斗數的威力折服。並且我透過了這個老師，了解命理的其中一個真諦：「每個人有每個人的功課，沒有完美的命盤，想要調整你不喜歡的軌跡，需要付出相對應的代價」。

這讓當時從不服輸、不認命的我像是發現了新大陸。因為我不是怕付出努力的人，只是我講求每一件事情都要合於邏輯並且有效。我說的這位命理師其實是我母親的朋友，自從認識這位阿姨之後，我的求學規劃、前十年的職涯都會透過這個阿姨的測算趨吉避凶。

不過，我其實連做為一個命理受測者都令人頭痛。

命理師阿姨：「你下學期選課要避開ＸＸＸ老師的課。」

「為什麼？」我不解地問。

命理師阿姨說：「因為他的課很難喔，是大刀，砍起學生來不留情。」

我說：「如果我要取得外交部或經濟部的實習經驗，他的推薦函有用嗎？」

命理師阿姨：「很有用，但通過有困難。」

我幾乎是一派不服氣地說：「告訴我怎麼通過，我會多選一堂課的學分備用。」

這是我與命理師阿姨時常出現的對話模式。一次兩次的成功經驗，讓我養成了一種明知山有虎偏向虎山行，還立志要把老虎養成貓的習慣。

很討人厭我知道，但我快吃屎了，再忍一下。

這樣「走向虎山」的模式持續到我到了法國念書。當地的學制除了有一般大學，還有從拿破崙時期一路傳承下來的精英學制——高等學院（Grand École）。正在意氣風發取得名校學士文憑的我，當然想要衝擊這種夢幻學院。

命理師阿姨語重心長地跟我說：「之前都讓你過關了，這所不要開玩笑。你會申請得上，但畢業很危險，家裡等你賺錢，不要鬧。」這番話在前面順利過關的我的耳裡，怎麼可能聽得進老師的勸呢？那是至高學府欸！報到之後我發現同班同學裡有耶魯的博士，這是一個很特殊的狀況，怎麼會逆著唸呢？與這位同學熟識後才知道，他申請的是博士後研究，學校告訴他：「我們不採任何其他學校學制，本校博士後研究只有本校博士畢業生夠資格，要取得本校博士資格，一律從碩班從頭唸起。」

這真的是夢幻學院，也真的是精英雲集，同學滿是當地名校畢業生之餘，還有美國耶魯大學、哈佛大學、中國北京大學的畢業生，連官方口譯都是同場競技的同班同學。

我尚稱一帆風順的求學路，第一次遇到滿地荊棘。才剛調整好心態面對，準備重振旗鼓，卻遭遇我父親病重、過世。處理完父親後事，回到法國，我發現自己出了問題，我的衝勁與狠勁完全不再。本來劍及履及的我，對於很多有時效性的事件變得消極，我知道會出事，我也知道沒時間處理情緒，要談其他事都是枉然。我想振作，卻陷入深度憂鬱，差點被開除學籍，最後為了求得延畢，付出了巨大代價。

出事的第一時間我當然找了命理師阿姨。但我也從這件事徹底了解到人是會變的，很多時候人只是以為自己可以，但是心理負擔早已超載。事實上，從紫微斗數命盤來看，命理師阿姨叫我換學校申請那年，我剛好換了運限，從衝勁滿滿的時期走進了相對保守與蟄伏的狀態，所以他不希望我面對的外在環境張力過高，但我沒聽，只好落得一身狼狽。

在紫微斗數的命盤上，時空環境會用宮位代表，而宮位內的星曜則是一個人的個性以及應對方式。所以命理測算的核心，是人、時間、空間的交互作用堆疊而出的。就好比我成長的年代，台灣瀰漫著一股國際孤兒形象下的失敗主義，身為七年級生，整個生長的過程其實就是整個國家大盤點的時候，外在的文攻武嚇、921 大地震、SARS、金融海嘯以及年輕人的殺手22K緊箍咒，我們見證著輝煌到彷似墜跌的狀態。

在這樣的時空背景之下，人們對公務員考試趨之若鶩；小確幸的發芽；又或者積極向外尋求機會（包含狂推猛推西進），是社會應運而生的三大現象。一個人會在這三條路上怎麼選擇，其實主導的就是這個人的個性。

以當時在法國求學的我來說，勇於挑戰的我因為屢次破關而對全新挑戰感到躍躍欲試，甚至意氣風發，卻沒意識（或是刻意忽視）長久以來內心已經壓抑累積過多，也忽略若要達到學院的高標準、高要求，勢必需要更大的驅動力。其實當時的我就像琴弦，期望能彈奏出美妙的樂章，然而時空環境數次強力的撥弄，早已讓我繃得太緊，一心任性卻不知避險，就在面對重大變故後，終於超過當時我所能承受的臨界點。

雖然這是一個關於任性屁孩的負面舉例故事XD，但實際上，「任性」如果運用得好，會是一個讓人羨慕的狀態、是一種對自己意志的堅持與貫徹。或者說，只要能夠知道自己的特質在什麼樣的時間區段、在什麼樣的空間環境，才能夠獲得最佳發揮，那麼我們就擁有任性的底氣和「這件事我辦得到」的餘裕。

這本書將透過2023年的整體趨勢走向做為例子，與大家分享如何透過一張只需要你的出生年、月、日以及時辰就可以精準判讀個人吉凶的命盤解讀。甚至我有更大的野心，希望透過帶領大家掌握流年判讀的技術，掌握每一年的機會與風險，進而讓大家都可以「任性」。

大趨勢預測

2023年社會的整體運勢走向

2023年的天干地支為癸卯，而在紫微斗數中癸的四化為破軍化祿，巨門化權，太陰化科，貪狼化忌。

四化說的是各個星曜因為外界環境與上天的變化而產生了變化。在紫微斗數中相當重視四化，因為一樣的東西在不同的環境中會呈現出不同的特質，如同一杯水在春夏秋冬的氣溫下會呈現不同的溫度甚至不同的狀態（在嚴冬可能從液態變成固態）。這是紫微斗數中相當有趣而特殊的部分——透過對於四化的使用，解析出一個人會因為環境而產生不同的生命態度。例如一個原本很重視工作價值、期待自己凡事一步一腳印前進的人，可能因為整體大環境不佳影響他的工作，進而開始懷疑自己崇尚務實價值的態度是否正確，因為努力不能抵抗外力，但是本身具備的個性特色卻無法改變，因此就會在原本的架構上做出因應外力環境的調整，最後導致自己在這個流年時間內做出可能跟過去不同的選擇。這樣立體並且複雜的情緒轉折，在個人原生的個性價值以及相對應於環境所給予的心理轉變之間，掌握其中細膩的轉換正是紫微斗數的絕佳強項，也是紫微斗數可以準確判斷一個人的行為與心理的主要原因。

對於整體環境的推算，一般命理師通常使用該年的大年初一子時，來建立一整年度的命盤，然後用這一張盤去論斷整年度的事情。然而，這樣的論斷方式其實有很大的問題，這表示每一年的出生時辰都只會是子時。而我的方式不一樣。我所使用的是比較接近近代心理學與社會學在推測趨勢走向的方式。例如2022年的天干為壬，流年四化中有一個武曲化忌，表示去年所有的人在命盤上都有武曲化忌產生，這個武曲在命宮、官祿宮、夫妻宮、財帛宮、福德宮、田宅宮、子女宮，都可以被廣義地解釋為跟自己實際金錢收入有關係。化忌是一種空缺，武曲化忌表示因為金錢價值觀產生空缺，這當然很大的可能是因為錢賺得不夠（因為是自己的命盤，所以是一種自我的認知，不見得一定是真實意義上的缺錢）。由此可知，2022年在經濟與產業上一定有狀況出現，否則怎麼會絕大多數的人都一起產生錢不夠用的狀態，無論你的「錢不夠用」是在哪裡出現，可能是在家裡（田宅宮），在工作薪資上（官祿宮），在自己的理財能力上（財帛宮）都有可能，憑藉這種整個社會上集體的意識狀態，以及集體的現象組成，就可以去推算出整體社會的情況。

因此，從2023年的天干，我們可以分析出整體社會的情況，而四化中的化忌是一種空缺的狀態。這個世界上，人必然因為空缺而產生動力，動力產生社會變化，就像我們覺得需要糧食，所以才會產生製造糧食的動力，而2023年的流年天干為癸，癸則是貪狼化忌，貪狼是一種慾望的展現，表示一個人的慾望之所在。那麼人因為自身的慾望產生了覺得自己的不足與空缺（化忌）時，對一整個社會的大趨勢會產生什麼樣的影響呢？

當流年貪狼化忌，表示因為大環境的影響，在2023年每個人都會對自己有所期待（看貪狼所在的宮位造就每個人對自己有不同的期待），無論是在哪個部分對自己有所期待，只要有期待就會有努力的動力和希望改變的動力。有固定看我月預測和年預測的朋友一定知道，用天干去推算整體運勢，其實並不單獨存在也不能單獨解釋，意思是：每個天干的四化變動其實是連動的。例如過去幾次的庚年天相化忌，改變了整個世界的規則，歷史上每個庚子年幾乎都會出現社會變動的動亂，讓整個社會秩序做出改變，這是因為天相是一個「規範」的星曜，因為規範過頭而產生了問題（化忌）。

接著是辛年的文昌化忌，整個社會體制被掀起挑戰，這時候人一定會希望有更清楚的規則可以遵守以穩定生活，也更加地不希望改變、更加保守，最後自然會引發更多的內外在心理糾結，甚至是原本的生活完全被打破，這是因為代表了細節規則與理性思考的文昌，讓眾人的理性受到環境挑戰，過去認定的規則不再是可以被依靠的準則，因此這是一個容易讓人心靈跟精神不安的一年，也是一個容易引發精神問題並且產生自殺的一年。因此在2021年的開始，我就一直呼籲要照顧身邊原本就有憂鬱或躁鬱症的朋友。

在接連著兩年的環境變動之後，2022年壬年是武曲化忌，回歸生活基本面的務實態度，呈現在正財星的武曲上面，務實地擁有自己的財富才會讓人心安穩定，因此在2022年大家會開始審視自己，調整自己的心情，務實地去面對自己的生活與工作，在這樣的群體態度之下，所有的消費都需要有務實的考量。各國也會開始重新盤點自己的經濟與政治立場，通貨緊縮甚至在 2021 年就提前發動，然後影響整個 2022 年。

所以，每一個年的天干雖然主導了一整年的運勢走向，但並不是單獨存在，而是由一連串的前後效應所產生，就像庚年的天相化忌也是受到前一年文曲化忌的感性衝動所致，以及更前面一年的天機化忌，聰明反被聰明誤的特質一路推演至最後形成破壞規範的天相化忌狀態。因此，2023 年可以說是一個大家在經過了好幾年動亂並且終於在 2022 年回歸到基本面去思考後——重新出發的一年。慾望將開始重新回來主導我們的心靈，貪狼化忌表示無論是對於自己的感情、事業、家庭、財富追求、人際關係的期盼，我們在這一年都會希望可以為自己的人生做出更多的改變。而個人如此，國家社會也會如此，因為無論多大的群體都是由個人所組成的。

既然化忌會讓人因為空缺而產生追求的動力，最後引發一連串的生命變化，那麼化祿就可以說是填補空缺的良方。化祿說的是「本來不屬於自己而多出來的」，2023 年是破軍化祿，破軍是一個代表夢想、願意為了夢想大破大立不計一切的星曜，這樣的個性特質會讓我們在這一年完成許多原本自己無法想像跟無法完成的事情，當然這不完全是一件有實質利益的事情（指有賺錢的事情，或者是夢想如自己期待能夠百分之百地完成）。因為自已的夢想而產生本來不屬於自己的事務與情感，從貪狼化忌跟破軍化祿的搭配來看就可以知道，在環境一年年的影響推演之下，讓我們在2023年開始對很多事情有更多的期待跟想法，因此讓我們產生出更大更多的夢想，並且用這個夢想去填補自己內心那個因為慾望產生的空缺——破軍的化祿去填補貪狼的化忌。因為慾望而期待夢想來填補，這就是在紫微斗數中常被提到的「祿隨忌走」的用法，透過星曜這樣的互動，就可以帶出這個癸年的四化會給我們產生什麼樣的變化跟生命的波動。

可以想見的，2023年會是大家期待自己有所改變的一年，整個社會趨勢也是。在各種產業上面，都會有積極擴張的狀態，當然也會有更多的企業爭奪市場跟地盤的情況，而為了要爭奪市場跟地盤，就會變化出更多的新花樣，包括更創新的經營方式、更不計一切手段的吞併，甚至是引發更多的企業之間以及企業內部打官司的問題（爭奪不見得是對敵對企業，也可能是公司本身的內部奪權）。那麼這會發生在什麼樣的公司跟產業呢？通常會出現在跟旅遊、傳播媒體、宗教、教育、身心靈、飲食、娛樂、個人消費通路以及醫藥相關產業上面。只要是走過2018年一直到2022年，而且具備了基本核心競爭力的公司，都會在這一年（2023）開始進行版圖的擴張與掠奪，並且會因此提出更新型態的區分方式和經營方式。我們會看到這一年即使是經濟還在蕭條的狀態，但是各種新興的經營模式跟新興產業帝國將出現。

經濟如此，政治局勢上也是如此，這會是掠奪資源的一年。國際間為了謀取自身利益，會因此打破規則，對內，更加保護自己；對外，有能力者會想打破過去的國際規範，小國則是會想出更多的新謀生之道。例如原本的國際組織將出現重大改革，原本的區域聯盟將產生變動，新興國家中將出現幾個明日之星在東南亞與非洲、中東、南美、中亞，並形成新的區域勢力。日本將不再掩飾地成為亞洲強勢國家，台灣則將淪陷在政治鬥爭中。以整體趨勢來看，台灣在亞洲佔有僅次於日本的地位，韓國則在 2023 年更加面臨國內外的企業競爭壓力，而台灣將在這一年面對直接而來的政治與產業方向的選擇。慾望跟大破大立的力量，將帶台灣進入一個跟過去完全不同的國際地位，只是也會因此讓台灣的國內政治鬥爭更加劇烈，但是產業卻會開始走出一條新路，而東南亞會在 2023 年開始更加有力地影響亞洲，2023 年將是東南亞大爆發的一年。

這樣風起雲湧的一年中，慾望有時候連動著個人情感，各國明星在這一年將不斷地有婚外情與桃色糾紛出現，而且相當精采——不只是金錢與感情的糾葛，還有政治與感情，甚至會影響企業版圖以及國家政治局勢。對於個人來說，2023年除了是看好戲的一年，也是個人可以重新開始建立自己另外一個人生機會的一年。

2023年的四化還有巨門化權跟太陰化科，所以這也是一個會因為爭奪權力而有官非，以及房地產會迴光返照，跟許多個人感情問題的一年。就每個人的2023年運勢部分，在後面的章節會針對十四個主星在命宮的命盤，有各自的分析，但是整體來說，這一年都會有整體的外界環境對於個人的影響，因為每個星曜都代表了自己的內心基本價值觀，例如前面說到的貪狼是自己的慾望所在，破軍是一種夢想的情懷，這無關好壞也無所謂的對與錯，可以想成是我們內心的一種心理跟情感，這也是學習紫微斗數的人容易犯的錯誤——把自己的人生價值觀直接套用在星曜特質上。例如覺得人有慾望就是不對的，或者重視金錢就是不對的，卻忽略了人有欲望才會推動自己的人生，重視金錢才能守護自己的財富，因此我們應該在學習命理的過程中（至少紫微斗數一定是如此）做到絕對的理性判斷，而非一味地以自我價值去套用，因為你的價值觀可能是受到生活環境背景的影響，不一定是正確且理性的。有了這樣的基本觀念後，我們就可以看每個流年的四化會對我們的內心價值產生什麼樣的影響，進而引發我們在今年的生活態度跟生命的追求，以及容易產生的問題。

2023 年外界對我們自身的影響如何，最基本的只要看自己在本命命盤上面的貪狼星在哪一個宮位，就可以知道，這一年對於哪個環境跟事物會有一種欲求不滿的感覺，總是覺得自己好像可以再多做一點、多要求一點或者多期待一點。例如貪狼在財帛宮的人會在今年希望可以賺更多的錢，在官祿宮的人會期待今年可以有更好的工作機會跟發展，並且因為貪狼是桃花星所以也代表與異性的關係，但是需要注意這是因為慾望跟異性關係所產生的空缺（化忌），所以要 2023 年在工作職場上的兩性關係，可能會因為期待彼此可以給予自己在工作上的幫助而產生問題，這個問題會在貪狼在官祿宮的時候最為明顯，當然在夫妻宮也會有這樣的情況。如果是在財帛宮，而且本身工作是業務導向的人，就容易在工作場合上跟同事或客戶產生這樣的問題，如果不是業務導向的工作，則比較容易因為自覺自己的工作所得到回報不足，並且因為影響到財帛宮對面的福德宮，所以會希望自己能夠多找到兼差或是其他好的賺錢方法，並且希望多習得一些能力以及得到心靈上的支持。

如果說貪狼的慾望產生在福德宮呢？則表示今年會希望能夠更了解自己，福德宮代表的是心靈跟精神層面，心靈跟精神因為慾望而產生空缺，表示我們需要更多的心靈滿足以及精神的滿足。福德宮也代表我們賺錢的方式和花錢的方式，所以前面才會提到會希望找更多賺錢方法以及追求了解自己與自我實現的解釋。

貪狼在僕役宮或是兄弟宮，表示今年會希望跟家人或朋友有更多的交流。如果是在子女宮或田宅宮，則表示希望今年跟家人與小孩有更好的關係，期待他們可以支持自己的夢想，當然這也表示自己可能在這一年可以買房子，但是需要注意這樣的人在今年找到的房子可能有狀況，例如會買到比較貴的房子。

如果是貪狼化忌在命宮，則表示今年自己對於各方面都會擁有許多的想法跟慾望，上面提到的幾乎都有可能。要注意的是，因為破軍化祿會去彌補貪狼的化忌，而貪狼在命宮時，破軍一定是在財帛宮，所以今年為了追求個人的慾望，往往會不顧一切地用金錢去滿足。簡單來說這是一個只要我有想法，就願意花錢去追求的一年，所以當然要注意今年的理財跟金錢安排。

承上，在貪狼化忌、破軍化祿這樣的心情影響下，造成2023年同時間會產生另外兩個四化：巨門化權與太陰化科。巨門是自己內心的安全感所在，巨門常被說成是口舌的問題，其實就是因為與人溝通對談往往來自於內心的不安——我覺得你不了解我，所以我才需要跟你吵架。因此，單純地將巨門直接視為是口舌問題，其實過於偏頗。化權說的則是一種掌握與穩定的力量，所以當破軍化祿，夢想受到貪狼化忌的慾望拉動，期待自己在這一年有所突破的時候，當然容易產生希望別人了解你，並且希望別人可以尊重你的心情，因此也容易希望從言談舉止間得到話語權與認同。或者是會呈現出某種的固執，正面的解釋是這時候會比較讓人覺得有魄力，負面的解釋當然就容易有太強勢的問題，這之間的差異在於這個巨門是否具備兩個因素：一是太陽是否在落陷的位置。在斗數的設計上，太陽會消除巨門的內心不安，當太陽有足夠亮光的時候，巨門的不安只會是隱藏的狀態，甚至會變成是將不安化為正向的動力——因為我覺得自己不足，所以我更努力。旺位的太陽，意思是太陽升起的時間，表示太陽有光亮，落陷的太陽則是太陽落下，表示太陽無光，我們可以由下頁圖一檢查自己太陽的位置是旺還是落。而落陷的太陽會造成巨門的內心不安被放大，也容易引發成為不願意與人溝通，或者說話的方式不對。第二個條件則是巨門是否跟四煞星（擎羊、陀羅、火星、鈴星）放在一起，這四個煞星往往代表了自己內心無法控制的情緒，所以當自己極欲跟人說明，想要掌握話語權得到支持來填補自己內心無法察覺的不安，若是再附加上情緒，往往就會變成強勢或是固執了。

圖一／太陽的旺與落陷

旺位 巳	旺位 午	旺位 未	落陷位 申
旺位 辰			落陷位 酉
旺位 卯			落陷位 戌
旺位 寅	落陷位 丑	落陷位 子	落陷位 亥

在這樣的情況下，當巨門在自己的命盤上是在跟「人」有關係的六親宮位中（兄弟宮、父母宮、夫妻宮、僕役宮、田宅宮、有小孩的話還要加上子女宮），通常需要注意與這方面的親友的相處與溝通問題。或許當下人家不反對你的想法，只是因為你的強勢而不願意跟你說真心話。如果沒有前面提到的兩個問題，這時候的巨門化權其實會變成很能夠因為自己的溝通能力得到支持，反而是一種好的現象。如果巨門是在自己的命宮、財帛宮、官祿宮、福德宮，則表示自己在這一年能夠在工作上、生活上將自己的理念想法好好地發揮出來。尤其在財帛宮跟福德宮，對於做業務工作或管理階層的人更是相對具有優勢的一年。如果盤上的太陽在落陷的位置，則反而要多讓自己嘗試與人接觸和交流。當然，如果是跟煞星在同一個宮位內的人，則要注意這一年會有因為言詞不恰當產生的問題。

還有一個太陰化科。太陰是一個懂得享受的星曜，尤其是他在化科或化祿的時候。當一個人希望這一年要突破現況以滿足自己的慾望，並且內心很堅定地朝目標前進，他當然會希望自己可以得到成果，而且是讓自己覺得有面子的成果。化科說的就是名聲與讓自己覺得臉上添光的地方，以及會得到外界注意的概念。而在今年，科的效果來自於太陰這個屬於母性照顧與家庭的星曜。這表示當太陰星在命宮、官祿宮、遷移宮的時候，自己在這一年將因為懂得照顧人、幫助人以及細心體貼的心思，得到工作上或生活周遭人們的讚賞，也會因為自己懂得吃喝享受而得到大家羨慕的眼光。既然會得到羨慕的眼光，當然也表示自己在這一年會有比較多吃喝玩樂享受生活的機會，而這一切都來自於這是一個追求慾望的年份。

不過要注意的是，太陰代表女性的特質、有心思細膩的一面，因此情緒較容易受到影響，如果這時候太陰與煞星在同一個宮位或是對面的宮位（圖二），難免就會因為愛面子而跟人在工作上、生活中有些摩擦，尤其當太陰星位於自己的六親宮位時，更是容易跟相關的親友產生人際關係上的問題。不過如果少了煞星，則這一年是跟親友們相處非常開心快樂的一年，因為他們都會得到你許多的關愛。唯獨需要小心的是，如果你的命盤上太陰跟太陽同宮，而且你剛好身邊不只一個女性伴侶，那麼注意這一年可能事情會曝光，花錢消災或許能避免。

圖二／與煞星同宮或對宮

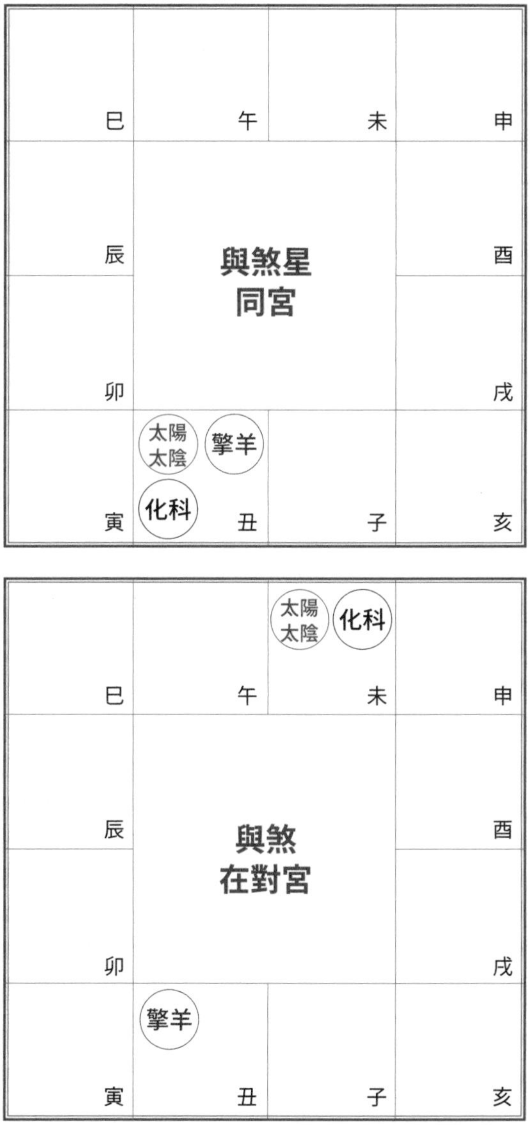
巳
午
未
申
辰
與煞星
同宮
酉
卯
戌
太陽
太陰
擎羊
化科
寅
丑
子
亥
太陽
太陰
化科
巳
午
未
申
辰
與煞
在對宮
酉
卯
戌
擎羊
寅
丑
子
亥

綜觀2023的整體四化帶動的一整年大家的命盤走勢，我們可以看出來這是餐飲觀光業爆發的一年。太陰化科、貪狼化忌，再加上破軍化祿，充滿夢想跟慾望，還會希望生活有所享受，這是餐飲旅遊以及高消費產業美好的一年。但是別忘了，追求夢想的過程不乏會有問題出現，加上溝通上容易強勢固執，所以這也是一個容易離婚、合夥破裂、友情的小船說翻就翻的一年，因此我們將會看到許多的大公司內部鬥爭導致拆夥、名人婚外情緋聞爆開，以及世界各國滿滿的政治鬥爭檯面化。不過，這通常也代表到了2023年的年末，我們可以看到一切即將塵埃落定，大局有了新的方向。對個人來說，無論是夢想的追求或是新歡的追求，都可以在這一年出現確定的方向，我們經過了過去四年動亂而不穩定的年代，在2023年終於確立了新的目標以及讓人踏實安心的生命主軸，讓我們可以繼續清楚地邁向2024年的太陽化忌，讓自己主導自己的命運，才有穩步向前的動力。

第一章

基礎紫微斗數看盤概念

命理的推算主要是推算人、時間、空間的交互關係與影響。
簡單說就是：做為一個什麼樣子的人，在什麼樣子的時間以及什麼樣子的場合做了什麼事，而導致什麼樣子的結果與跡象。這個觀念非常重要，所以在本書之中會不斷地提及。
本章我們會緊扣著「如何掌握自我的流年運勢」這個目標，為大家說明上述的人、時間、空間三個因素在命盤上的呈現。

1. ◆◆◆介紹命盤

盤上的基本元素

只要知道出生年、月、日以及時辰，我們就可以排出一張命盤。而命盤的安置方式，在過去只要掌握口訣就可以按表排佈，但我們這本書想要讓大家快速掌握或至少做到快速查找，所以若從命盤的排佈做為與大家分享的起點其實不太現實。比起花費大把的心力和時間學排盤，「解讀」的能力卻依然是零，我更主張讓大家先掌握如何解析，之後若有興趣再行查找口訣自行練習排佈星曜。

現行有許多設置精良的排盤軟體讓我們比前輩們用更有效率的方式學習，只需要輸入自己的西曆或陰曆生日，就可以透過排盤軟體取得自己的命盤。各方開發的排盤軟體會有一定的差異，在這邊推薦讀者使用國際紫微學會開發的「紫微攻略」排盤軟體，又或者可以使用「文墨天機」（優點在於廣納各派排列方式，但是要注意使用時需先設定好）。總之，利用方便的排盤軟體，輸入自己的出生資訊之後就可以取得一張命盤。

你會發現，命盤上有滿滿的訊息，大部分的字都看得懂，卻不知道該如何詮釋，想要一個一個查找又似乎不得要領。對此，我們可以在這張盤標示出五個區塊，讓學習更有方向感，如下：

1. 出生資訊

被十二個宮位環繞著的正中央區域，標示著出生基本資訊。

2. 十二宮

從命宮開始，逆時針依序排佈為：命宮、兄弟宮、夫妻宮、子女宮、財帛宮、疾厄宮、遷移宮、交友（僕役）宮、官祿宮、田宅宮、福德宮、父母宮。一點都不拗口，完全白話文的狀態，光看宮位名稱就知道其所代表的領域、環境，也就會知道相對應的事情應該要去哪個宮位找答案或跡象。

3. 地支位

即為子、丑、寅、卯、辰、巳、午、未、申、酉、戌、亥，十二地支在任何人的命盤上都是一樣的位置。命盤上有固定不變的因素，這樣子加上每個人不同的個性、反應以及遭遇才會有一些可以比較的標準。。這十二個地支位從子開始依序排列，代表十二個方向，也可以代表十二個月份、十二個時辰以及對應十二生肖。從子開始到亥結束的走向就是我們所謂的順時針走向，反之，則為逆時針走向。

4. 天干

甲、乙、丙、丁、戊、己、庚、辛、壬、癸為十天干，在宮位內會標示在地支的上方。這些分佈在宮位內的天干又稱為「宮干」。

5. 主星、輔星

這十二個宮位之中，除了前面提及的元素之外，還會有許多星曜分佈進去。這些星曜有十四顆主星，分別為：紫微、天機、太陽、武曲、天同、廉貞、天府、太陰、貪狼、巨門、天相、天梁、七殺、破軍。在格子裡面除了十四顆星曜，還有我們前面分享過其他四個元素，剩下的都是輔星。

2. 人
關鍵27顆星

每一個產品要能夠良好地使用並發揮其最大的效應，必須要仔細地閱讀使用說明書。有時候不是產品不好用，而是你將這個產品放錯了位置，有了錯誤的期待。

同樣地，紫微斗數的個人命盤就是做為個人的使用說明書以及個人人生地圖而存在。透過命盤，我們可以足夠地了解自己，然後選擇正確的發揮（使用）方式，以及走上一條適合自己的道路。

足夠了解自己，就可以少去很多困惑。很多時候我們都是自以為了解自己，但是其實遇到事情的時候，我們還是會感覺到迷茫。就拿感情來說好了，你可能不了解你對伴侶那麼好，為什麼你跟他的關係卻始終不如你意？這是實務上非常頻繁遇到的問題。

針對這樣的問題，有各式各樣的解答，因為導致問題的原因各不相同。所以我們可以理解，不同的個性面對同一個感情問題會有不同的做法，並導致不同的結果。例如對於一些人來說，強勢的伴侶可以讓他感覺到安全感。但是對於另外一些人來說，強勢的伴侶給予的是強大的壓迫感。

命盤上的星曜正是詳實顯示你是一個什麼樣子的產品，並呈現出在不同情境下要如何操作的關鍵。

也就是說，星曜可以做為「人的個性」來解讀，要對應時空情境與場域解析。當我們觀察感情相關的問題時，若是出現了太陽星，因為太陽星的秉性會照顧人、喜歡制定規則，同時也容易受社會價值觀影響，不喜歡落於人後，整體是個性偏向強勢的星曜。所以在選擇伴侶的時候，我會希望對方是一個體面、能力好的人。如果擇偶的偏好如此，當然高機率會與這樣子的人締結關係。

但是，一個真正能力好的人勢必也是有個人想法的人，這樣的人會願意讓你把控並完全遵照你的想法嗎？其實這就是問題的所在，但當局者往往迷惑——因為人會下意識地用自己的方法去面對問題。例如有太陽星屬性的人會用自己的方式照顧他人，給予的往往是「我自己覺得對方需要的照顧」，這聽起來是不是很有壓力？常此以往，自然會有問題。

那麼所有太陽星在面對同樣問題的時候都這樣嗎？

人的個性是多元的，隨著星曜組成的不同，自然就會有細節的差異，輔星會顯示更多的性格細節即為接下來的重點。例如太陽如果加上右弼、文曲、紅鸞、天喜這類桃花星或是祿存，你就會覺得強勢的感覺比較低減了，又或者是正因為對方有強勢的本錢，反而有機會讓感情相對平順。但若加上了與原始情緒相關聯的四煞星，原本的強勢附加上衝動、決絕、糾結、盤算的特質之後，則讓彼此的對應關係變得更霸烈，或者相處起來更糾結。（在實務上詳細地分析了對應問題的星曜屬性後，命主都可以得到詳實的解答，但感情的實際處理方式則端看彼此是否願意調整相處的方式，又或者直接放棄，尋找下面一位進場。）

這就是紫微斗數主星與輔星搭配上的精妙。整張命盤上密密麻麻的文字其實大多是輔星，數量基本破百。而這也是許多對紫微斗數有興趣，但卻對深入學習掌握這門技術望之卻步的原因。

紫微斗數是一門整合型的論命工具，在整體體系發展的過程之中廣採博納了各家學說，而各家學說皆有其獨到的手法以及不傳之祕。換言之，星曜的使用數量會因技巧的使用而異，而這也是一個秘訣，在此向大眾公開。

針對如何掌握自我的流年運勢這個教學目的，我們從上百顆星曜之中精選出十四主星、六吉星、祿存、四煞星、紅鸞與天喜共27顆。只要掌握這27顆星曜，即可正確掌握流年的趨勢。

十四主星

1 紫微星　生而為王，只是未必有臣民應許

紫微星具有尊貴的氣息，喜好備受尊崇，嚮往至高的頂點以及一切華麗的美好。如皇帝一般的星曜特性，難免嬌貴、愛面子、虛榮、喜歡被追捧。紫微星所在的位置，也是一個人神聖不容侵犯的所在。這種神聖不可侵犯的特質如果牽涉到人際關係，則難免關係緊張，畢竟隨時爭處上位、爭搶面子並非長久穩固的關係經營之道。

這一種喜好被追捧的特質是與生俱來的，不論是否具備相對應的能力。只是被

追捧需要有人、團隊、機構的認可，並往往需要真實的實力支撐，這其實是紫微星在每一件事情的決策上必須要考慮的重點。如果有左輔、右弼、天魁、天鉞搭配，較有機會取得認可。高處不勝寒，適時走入民間可以收穫真正的支持與幸福。

【財運】開銷頗具帝王風範，但未必有賺錢能力。

【事業】地位需要奠基於實力，同時需要組建並維持團隊。

【感情】追求人中龍鳳，也希望被捧在手心，但現實上龍鳳並不習慣伺候人。

【人際】希望比肩權貴，但要注意實力要跟上，讓自己有被利用的價值，注意人際關係經營。

【健康】飲食要注意均衡。

2 天機星　孤傲聰明，邏輯條理是天份也是煩惱

天機星是一個聰明的星曜，數字觀念也好。性格善良，不喜歡一成不變。天機星進入的位置，代表著變動發生，提醒著你需要根據周圍的環境做適時的調整。天機星的聰明來自於良好的邏輯與條理，正因為以邏輯為處事應對的標準，所以天機星難免讓人覺得有距離感，甚至有孤傲的感覺。

聰明與心思縝密靠的是強大的思緒運作，但是高強度的運作也有可能讓系統打結，而讓自己陷入思考過剩的風險，導致可能聰明反被聰明誤的窘境。適時的休息，同時確保客觀是很重要的事情。理性與感性需要平衡而不是拉扯，關鍵的決策點在於自己是不是能夠承擔風險。

【財運】注意邏輯與理性，凡事注意自己承擔能力，不要有投機冒進之心。

【事業】注意人際關係經營，凡事要合乎邏輯，同時隨時因應環境做適切的調整。

【感情】注意關係有變動的可能，適時增加情趣有助於關係的維持。

【人際】有變動的可能性，人與人之間的相處在合於規範的範圍裡要保持柔性。

【健康】注意休息與肝功能的養護，同時也要注意四肢、脊椎、骨頭的保養。

3 太陽星 我要制定規則，因為我深受規則所困

太陽星為父星，代表父親的形象。父親為一家之主，在傳統父權社會裡是代表一個家庭裡制定規則的存在。太陽星善良、傳統、重責任也願意照顧人，但是做為一顆傳統意義上的父星難免如傳統男人般強勢，而這一點也難免讓人難以忍受。太

陽星進入的位置，會讓人想在對應的位置上有自己的話語權並且能夠掌握規則的制定。

掌握規則的制定，勢必得要先衝破原有的規則，所以太陽星非常容易與上位者（包含父親、上司、規則）有摩擦。另外要注意能制定規則的人往往首先需要被自己所在的領域、團體認可，所以要注意名聲與口碑的累積。此外，太陽星很容易為自己的角色設定所苦，很難拒絕社會對於自己所扮演的角色期待，不管自己是否超載，也不論這樣的期待是不是合理，雖然會有情緒但依然努力壓榨自己付出。要注意兼顧自己的能力上限以及健康，不要透支。

太陽星進入寅、卯、辰、巳、午、未六宮為旺位，進入剩下的六宮則為落陷位（P.38 圖一）。旺位的太陽較能發揮太陽的特質，有大男人與大女人的風範。落陷位的太陽則較偏向暖男、賢內助的屬性，「自己會感覺」太陽的特質較無法施展，對於目標似乎有種無法施力的感覺。這無關好壞，重點是要放過自己。

女生若具有太陽的屬性，則需要自己調適好心情，畢竟這個社會時至今日有時候對女孩子還是有些不友善。如果你是個大女人，就不要為難自己小鳥依人，你也可以成為給予的角色，只要善良，不要為男女的框架所囿。

【財運】需要口碑與名聲方能變現，照顧人不要超過自己的能力範圍。
【事業】注意與上司的關係維持，同時要注意規範與自己風險承擔能力。
【感情】過於強勢對關係的維持有可能是傷害。
【人際】不要一廂情願地投入，觀察對方所需並且自己能力足夠。
【健康】注意血液循環以及心血管的保養，也要注意視力的保健。

4 武曲星　SOP 是打開我的方式

武曲星是一個穩健、務實、一步一腳印、剛毅、耿直、有霸氣也有鬥志的星曜，非常地講義氣也重視自己的承諾，但是不善於與人交際，所以明明是一個重信義的人，卻因為旁人不曉得如何跟他溝通而帶有孤寡的特性。其實跟武曲星溝通並不難，只需要將所有的目標與步驟條列化成 SOP（標準作業程序）交流，定案之後他會是最忠實的執行者。同理可證，武曲星進入的宮位若有對應的 SOP 設定，凡事也會單純順暢許多。

武曲星做為紫微斗數三顆明訂的財星之一，屬性為正財。正財是一種需要務實、踏實一步一腳印、勞心勞力所獲取的財富。如果武曲星可以與祿存同宮，或者星曜本身化祿並且直接坐進命宮或財帛宮，則更是代表財富增加的機會。若能夠適當地增加與人相處的技巧，則在取財之上可以更如虎添翼、事半功倍。

【財運】踏實穩定取財，若能兼顧人際關係則更佳。

【事業】努力累積，專業技術為本，注意溝通。

【感情】感情需要花時間交流，也要注意價值觀的磨合。

【人際】就事論事之間要兼顧人際和諧。

【健康】皮膚、肺部支氣管的保養是重點。

5 天同星　不計較是我懶，不是傻

天同星是三大福星之一，福氣的根源為赤子之心。難題或災禍對人造成的影響是否深遠，往往來自於心態是否糾結，如果可以調整好心態接著翻新篇章，則難題即成為過去。不糾結、善於轉念是天同星的特質。聰明、博學、樂觀、不計較也不喜歡爭搶，是因為天同星好享樂也不喜歡勞心勞力。這也是天同星聰明、博學卻不計較的其中一個原因，因為任何的鬥爭都需要耗費大量的力氣。

天同星也是桃花星，命盤上不喜歡與其他桃花星組合的原因是：在本就隨和不善於拒絕的特性之下，容易有感情上的糾纏，也有機會有舊情復燃的狀態。

天同星的星曜特質，如果遇到如擎羊、火星這類能勾起其爭鬥心的星曜，其實可以是很正面的助力。又或者環境讓他有為了面子而戰的需求（化科），又或者是想要掌握的目標（化權），也都可以讓天同變得比較有動力。只是當天同有了這方面的動力，就好像執著於目標的孩子，會讓人有任性的感覺。

【財運】人際關係來財。

【事業】需要有動力，否則偏懶散不作為。

【感情】有舊情復燃的可能，若當前有伴侶，對於外在需要把持，關係上需要有決斷力。

【人際】人緣好，但也需要捍衛自己的權益。

【健康】注意精緻澱粉攝取勿過量，多喝水，注意水份代謝與腎臟相關保養。

6 廉貞星　禁慾為體面，面子是死穴，等環境給機會

廉貞星是一個聰明、靈活、有魅力、有能力、數字概念好，有著體面外交官形象的星曜。非常懂得自我約束，並重視人際關係拓展的星曜。如果深究其對於自制

力強力堅持的原因，會發現廉貞星非常在意他人的眼光，對於自己在他人眼中的形象維持有近乎偏執的苛求。廉貞星強大的魅力若得到其他桃花星的加持，會讓廉貞星成為僅次於貪狼星的第二大桃花星。

一個對於自我有強大的要求同時又聰明靈敏的人，其實最怕一時把控不住讓一直被壓抑的欲求傾瀉而出。這時候廉貞星強大的能力就會被運用在抄捷徑、陽奉陰違、過河拆橋、耽溺酒色之類為自己慾望服務的面向。

廉貞星也是一顆有宗教緣分的星曜，有五鬼星的稱號，強大的磁場讓廉貞星容易有特殊的靈異體驗。要注意身心靈的平穩，整體狀態才會穩定。

【財運】穩定累積財富，積沙成塔。

【事業】注意原則的維持則事業順利。

【感情】有魅力，但要注意自己與對象彼此的身份以及當前的狀態。

【人際】平穩的人際關係需要自我約束，若求突破要客觀審視自己的風險承擔能力。

【健康】注意內分泌、循環、身心靈的平穩、癌症篩檢。

7 天府星 我可以慈眉善目，但別在我的疆域裡白目

若要賦予天府星一個擬人的形象，天府星會是王爺，是除了紫微星之外的帝星。皇帝與王爺的差異在於一個繼承了王位，另外一個雖然高高在上但依然需要服膺於皇帝的存在。所以比起紫微星，天府星相對務實，重視實權。對於自己可以掌握的領域，追求全然的運籌帷幄。若有左輔、右弼、天魁、天鉞的搭配，整體也會更順利一些。個性上城府較深，也會將身邊的人分門別類，並因此有不同的應對方式。與紫微星相同的是一切都要合乎其心思與設想。

天府星是紫微斗數三顆財星之一，同時也是三顆福星之一。做為財星，天府星代表的是運籌帷幄以及因資源的聚積而得財，真正有財富的增加則需要搭配祿存，最好是同時坐入命宮或財帛宮。做為福星，天府星的特質在於可以將煞星的力量納為己用，同樣的事件與環境對於他人是難關，但對於天府星而言是動力。要注意的是習慣在逆境中操舟的人，可能會遇到超越自己能力範圍的風險卻不自知，而有觸犯規則蒙受風險的可能。

【財運】運籌帷幄而得財，但要注意凡事要保有餘裕。

【事業】浪裡行舟始終都要注意天氣預報。

【感情】追求能力好、體面、有地位的對象，但感情需要溝通維繫。
【人際】注意人際關係的維繫，也同時注意自己能力的積累，適時要體諒他人。
【健康】注意飲食的調理與消化系統的照護。

8 太陰星　為了讓你變成我的形狀，我有柔情也有癲狂

太陰星為母星，代表母親照護家庭的形象。太陰星溫柔、婉約、善良、傳統、願意照顧他人、個性急躁但動作慢，與太陽星的差異在於太陰星的照護比較溫和。太陰星某種程度也代表了一個人的安全感，而人對於安全感都會有自己的要求，而據此若安全感沒有被滿足，也延伸出太陰星碎念、過度擔憂、嫉妒的個性面向。一如母親雖然一般相較於父親是相對溫柔的存在，但對於她希望達成的安全感不會輕易妥協，總是可以在你耳邊不厭其煩地唸到達成目的為止。

太陰星是三大財星之一，談的是穩定積蓄、細水長流而來的財，若有得選當然希望來財方式相對輕鬆安逸。這也是跟母親的角色一樣，對享樂安逸的生活模式有期待，也不斷努力累積資源期望達成這個目標。太陰星也是桃花星，不喜歡與其他桃花星組合，桃花過旺易有感情的煩擾。

太陰星坐入申、酉、戌、亥、子、丑為旺位，進入其他地支位則為落陷（圖三二）。另外，太陰星的光亮程度來自太陽，故太陰旺位的特質發揮，除了講就坐入的地支位之外，同時太陽也要在旺位。滿足條件的旺位太陰照顧人、溫柔的特質較明顯，反之則容易偏向鑽牛角尖、盤算、講究付出與收穫的平衡。

【財運】人緣來財，也可經營異性財，往穩定的收入經營。

【事業】人際交流可以是事業上的助力。

【感情】桃花旺，注意理性判斷是否適合。

【人際】注意過於執著自己的要求，就算語句溫和也是強勢的展現，而影響到人際關係。

【健康】注意腎臟、生殖系統保養，女性注意婦科。

圖三／太陰的旺與落陷

落陷位 巳	落陷位 午	落陷位 未	旺位 申
落陷位 辰			旺位 酉
落陷位 卯			旺位 戌
落陷位 寅	旺位 丑	旺位 子	旺位 亥

9 貪狼星　我的心裡有你有大家，所以需要時不時顧左右而言他

貪狼星是十四主星之中最大的桃花星，長袖善舞、八面玲瓏且落落大方的個性是貪狼星最大的魅力來源。貪狼星也是十四主星之中最聰明的一顆星，但是常常被人忽略這個特質，這是因為貪狼所代表的慾望，讓貪狼對什麼事情都有強大的好奇心。在成敗論英雄的社會氛圍之下，貪狼博而不精的各方面技能讓人忽略其才智。貪狼的博學也涵蓋宗教、玄學、神秘學領域，所以也是一顆有宗教緣分的星曜。

貪狼的博學以及人際關係讓他在遇到問題的時候可能有比其他人更多的機會，所以貪狼星也有解厄之星的稱號。在貪狼的整體運勢經營之下，首要釐清慾望與現實之間的落差是否是自己能力所能弭平的，另外就是激發出動力、興趣、回饋感，讓貪狼可以在一個專業的學門或領域裡面扎根生發。

最後，要注意的是具備八面玲瓏特質的貪狼也勢必具備一顆玲瓏心，才能投其所好，見人說人話見鬼說鬼話。另外在人際之間穿梭，又不喜歡氣氛尷尬的貪狼勢必也會有旺盛的想法與諸多的顧慮。所以貪狼同時要注意心緒的平穩，這其實也含概在慾望管理範疇之內。

【財運】人際關係來財。君子愛財但要取之有道，所謂有道是自己有沒有對應

的料。

【事業】通才與人際調和能力對於事業是正面特質，但要注意不要野心爆棚而失去方向。

【感情】桃花旺、外緣好，感情要穩定注意眼光要聚焦，不要亂撒網。

【人際】人際關係經營能力好，但要加強判斷友伴的素質與帶來的影響。

【健康】注意水份代謝、腎臟以及肝功能的系統保養，女性注意婦科。

10 巨門星 要讓我安心才能見我真心

一般對於巨門的認知都是從口舌糾紛而來，但其實巨門星秉性溫厚敦良，內心柔軟而且非常善良。其實巨門星主要代表溝通的能力，這也是為什麼滿足條件的巨門適合以口為業。因善良的本性有交淺言深的習性而造成摩擦，而摩擦進而爭吵其實也是溝通的一種模式。

巨門星先天就帶有強烈的不安全感，這安全感不足也容易造成情緒的起伏而成為爭執的導火線，這是大家直接將巨門與口舌連結的原因。巨門星所進入的宮位，往往就是你的不安感來源。這邊直接呼應了巨門星的名稱，巨大的門後是更巨大的房子，若沒有光線引入，則往往令人不安，就像不知底的黑洞。光芒萬丈的太陽星自然就是點亮巨門星的光線來源，可以讓不安感較為隱藏，甚至轉向正面的行為模式，但注意要是亮的太陽，亦即太陽要坐在旺位（P.38圖一）。例如巨門星進入官祿宮，命主對於事業覺得不安，這時候太陽若在旺位，則命主處理不安的方式為更充實自己固有博學、有才華的特質，反之則偏向自怨自艾。

同樣源自於不安，巨門星先天會有囤積生存物資的本能，除了實質的物資囤積，充實自己也是一種囤積。巨門星為桃花星，在感情上同樣具備不安全感，追求全然的包容並會測試底線。若無法安心也有可能先行尋找備胎，同時博學若加上會說話的特質、會照顧人，也容易引發誤會造成感情問題。

巨門星的這種囤積特質，若為旺位的太陽，同時星曜化祿或與祿存同宮，則積攢的東西較有價值，所以也有「小庫星」之說。若期待是財務的積攢，老規矩，這樣的條件需要在命宮或者是財帛宮滿足。

【財運】才識、口才取財，對財務有不安全感。

【事業】可以口為業，但依然要注意人和以及專業的累加。

【感情】追求安全感，男愛豔妻女愛才子，注意不安全感的滿溢有時候會讓彼此錯過。

【人際】善良，但注意交淺言深，同時也注意過度不安與不信任是人際經營的障礙。

【健康】注意腎臟、飲食保健、口腔、肺部支氣管的保養，女性注意婦科。

11 天相星　我熱腸古道且悶騷

天相星聰明、熱心、講究品味、重排場、重門面也重人際關係經營，被賦予的形象是宰相、里長、媒人，媒人說的是媒合事情的人，包含但不僅僅限於嘴角有三八痣的媒婆。這些形象的共通點是都在一個已知的人際網絡之間穿針引線，調和事情。具備這樣的特質，若能與左輔、右弼、天魁、天鉞搭配，自然行事上會更順利。事情要能夠在多方勢力之間調和，需要的是彈性，一如我們常聽到的「有錢出錢，有力出力」，找有錢無力的人出力，無異於緣木求魚。

具備彈性的調和能力，某種程度上來說就是頻繁地截長補短，運用周邊的人際關係，但是運用過度也有可能衍生許多問題。人際關係的經營往來需要許多規則，一般為了維持這些規則，天相星悶騷地克制著自己的夢想。而悶騷的人往往只要碰觸到開關就會變得狂亂，例如利用職權或每件事情之間的時間差為自己謀求利益而造成爭議。當然也有可能是技術層面的問題，例如因為人際關係的錯綜複雜而在溝通或記錄上有了缺漏。這些都有可能是「彈性」所帶來的缺失，只要發生都會影響到人際關係，甚至導致法律問題。

各單位之間的磋商往來，往往需要行文，而行文的重點在於找到關鍵人「用印」，這是天相星的關鍵。從「用印」的觀念可以導向保險、金融、票券之類需要蓋章的職業與投資項目，而蓋錯章或者亂蓋章都有法律風險。

【財運】人際關係來財、票券類投資商品，整體要注意規範以及自己的能力。

【事業】媒合、跨部門溝通、先服務再銷售，注意法規的遵守。

【感情】桃花旺，但注意外來的誘惑與自己心態不堅導致感情不穩。

【人際】具備經營人際關係的能力，但也要注意守住基本的道義。

【健康】注意循環系統以及生殖、泌尿系統保養，女性注意婦科。

12 天梁星 我有茶有故事也有善心，你可以忍受我碎念一下嗎？

天梁星具備博學、經驗豐厚的特質，個性上善良、熱心、願意照顧人。天梁星帶有成熟的氣息，即使少年人也會有老成的感覺，因為天梁也是一顆代表老人的星曜。具有宗教緣分，天梁星進入的宮位冥冥之中受到神明的保護。跟神明相關的天梁星，延伸出有中獎、意外的收穫，因為這在觀感上讓人有無由來從天上掉下來的禮物的感覺。

要注意，善良、願意給予照顧的特質很容易被人軟土深掘。此外，你的好心提點過度了有可能變成叨念，也要注意不要給人有倚老賣老的感覺，這些都是人際關係上經營的不利因素。過度堅信自己的經驗與邏輯，其實與賭性只有一線之隔，切記觀察周邊的變化同時參考自己的能力再下決定。

老人難免都有陳年難改的積習，宗教講求天人合一的角色在歷史上也多有使用輔助藥劑的記載，所以天梁星也有使用容易成癮物品的跡象，例如酒、菸、毒品……等。自我要有節制，不合乎法規又傷身的自然應避免接觸。

【財運】與人為善，若有宗教信仰，祈福有助益。避免賭博。幫助他人需量力。

【事業】經驗分享、輔助、教育、宗教、公益、醫療產業皆適合，但注意不要倚老賣老。

【感情】喜歡成熟的對象，也有舊情復燃的可能，但要注意感情經營需要多一點激情。

【人際】願意幫助他人，但要衡量自己的能力，同時也要勇於提出自己的需求。

【健康】注意消化系統的養護。

13 七殺星　我不說話，也不轉彎，除非為了抵達我認定的港灣

剛毅、堅持、冷靜的七殺星代表的是對生命堅持的態度，不善於溝通內心的想法又具有一往無前的特質，自然受傷的機率很高。七殺星這種認定了目標就堅持向前不轉彎的特性，遇到他所認定理想中的港灣才有可能改變，而改變的方式是在高速行進中不計後果果斷跳車。

如果堅持有道，選擇對的、適合自己的戰場堅持，自然就有機會可以取得自己心目中的理想並掌握。但這對於只相信自己所認定目標的七殺星而言，更多的會是在痛苦之中輪迴，而耐吃苦的他可能根本就不自知。如果能加上桃花星的特質增加七殺星的人緣與溝通能力，或者與吉星組合讓七殺星有貴人提拔、同儕同甘共苦，對於七殺星整體來說會是相當正面的影響。

【財運】堅毅認真，但要注意人際關係經營以及顧及周遭的風險。

【事業】認定了目標就認真追尋，但是要先確立目標正確並且有達成的可能。

【感情】一體兩面，堅持維持又或者是堅持離開，判斷的標準應該更客觀。

【人際】重義氣，但要注意避免識人不清，同時要花時間經營與交流。

【健康】注意肺部支氣管、皮膚、循環的保健，同時注意提防外傷。

14 破軍星　是夢想太誘人不是我想傷人

破軍星的核心是夢想、勇氣、創造力，進入對應的宮位時，對該宮位涉及的範圍會有自己的理想藍圖。對於夢想，破軍星向來具有勇氣追逐，也敢於大破大立。但是最大的問題在於破軍星未必有持續力，大刀闊斧之後若沒有他預期的結果又或者有新的夢想出現，破軍星很高機率會留下滿地瘡痍就離開。這也是為什麼破軍星與周圍的關係不緊密，因為屢次的破壞卻沒建設容易讓人將其視為麻煩。

破軍星化權或是與祿存同宮，較有機會透過破壞性建設而彰顯正面特質。而關於破軍星的操作，首要注意家世背景或者過往的積累。先確認有資源可以支撐破耗的階段，同時客觀確認有把握取得收穫，而這個收穫對比投入要是划算的。

另外破軍星本身也代表著孩子，不論宮位，破軍星若組合到煞、忌，則代表孕育孩子要加倍用心警醒。

【財運】對於財務的追逐有夢想，但要注意是否能承擔整體的風險。

【事業】大刀闊斧、大破大立有夢想、有創意，但要注意是否能夠實行。

【感情】浪漫有激情，但激情容易降溫，關係的維持需要用心。

【人際】乍見之歡，長久相處要技巧與自制。

【健康】注意肺部支氣管、提升泌尿系統養護，不要透支身體，女性注意婦科。

六吉星

所有星曜的特質都是中性的。

一般人很容易望文生義，直接將六吉星當成好事、幫助，然而實際上並不是每一個幫助都會起到正面的效益。舉例來說，若你就讀國小的孩子，受到畢業學長的幫忙考上了理想的私立學校，你可能會很開心，還會想準備個小禮物答謝學長的幫忙。但是假如今天你的孩子在學校荒廢的廁所，透過畢業學長的幫忙學會抽第一口菸，一般人應該很難會感到開心吧？

同樣是幫忙，幫的是什麼忙？在什麼時候幫？以及怎麼幫？誰幫？都會有不同的情境，你會依你個人的價值觀綜合去判斷到底是好是壞。這在斗數上面的觀念就是要綜合判斷什麼時候、進入了什麼宮位、以及宮位裡面的整體星曜組成。也就是我們從本書一開始就一直與大家提及的：人、時間與空間的綜合判斷。

而且，有沒有想過，有人出現幫忙的跡象其實也預告著危機？因為你首先要「需要被幫忙」，以及「有忙可以被幫」。

1 文昌

文昌星與思慮、腦神經相關，在傳統學科上如果思慮敏捷、有條理、善於整理筆記，那麼學業成績通常會還不錯，也相對容易進入體面的團體、公司。這正是文昌星代表正途功名的內涵，但要注意這是文昌星沒有遇到煞、忌的狀況。如果遇到了煞、忌，則容易有思慮紊亂、打亂規則的狀態。

2 文曲

文曲星與思慮、腦神經相關，具有不一樣的想法。文曲星也是桃花星，浪漫具有人緣。具有諸如藝文、繪畫、歌唱、舞蹈之類比較偏向技藝類的長才，這正是文曲星代表異途功名的內涵，同樣也要注意文曲星不能夠遇到煞、忌，否則除了一樣有思慮紊亂的情況之外，也容易有情感上的煩擾。

3 左輔

流年宮位有左輔的位置，代表可能有真實的人在相對應事件上面出現給予幫助。這個幫助來自平輩男性的機率高，而且是直接的且有義氣的幫忙。但是這個幫助不分好壞，這是一個絕對挺你的人。所以與左輔同一個宮位裡面煞星的組成多，則代表這樣的幫忙不是你需要的。感情相關的位置出現左輔，有機會在本該只有兩個人的關係之中多出一個男性。左輔這種義氣相挺的特質，其實若自己行有餘力多在能力範圍內給予他人幫助，也有機會在你需要的時候收到回饋。前面分享的十四主星，凡是有孤寡、不善溝通、需要團隊、特質要有人才能發揮的星曜喜歡遇到左輔。

4 右弼

流年宮位有右弼的位置，代表有可能有真實的人在相對應事件上面出現給予幫助。這個幫助來自平輩女性的機率高，細心又體貼的幫忙。但是這個幫助不分好壞，這是一個絕對挺你的人。所以與右弼同一個宮位裡面煞星的組成多，則代表這樣的幫忙不是你需要的。感情相關的位置出現右弼，有機會在本該只有兩個人的關係之中多出一個女性。右弼這種細心給予貼心幫忙的特質，其實若自己行有餘力多在能力範圍內給予他人幫助，也有機會在你需要的時候收到回饋。前面分享的十四主星，凡是有孤寡、不善溝通、需要團隊、特質要有人才能發揮的星曜喜歡遇到右弼。

5 天魁

流年宮位有天魁的位置，代表有可能有真實的人在相對應事件上面出現給予幫助。這個幫助來自上位、資深的男性的機率高，是檯面上幫忙。這個人的年齡不必然但有機會比你大，可以給予你有益、成熟的建議或提拔。感情相關的位置出現天魁，有機會在本該只有兩個人的關係之中多出一個男性。天魁這種給予幫忙、指點、提攜的特質，其實若自己行有餘力多在能力範圍內給予他人幫助，也有機會在你需要的時候收到回饋。前面分享的十四主星，凡是有孤寡、不善溝通、需要團隊、特質要有人才能發揮的星曜喜歡遇到天魁。

6 天鉞

流年宮位有天鉞的位置，代表有可能有真實的人在相對應事件上面出現給予幫助。這個幫助來自上位、資深的女性的機率高，偏檯面下的幫忙。這個人的年齡不必然但有機會比你大，可以給予你有益、成熟的建議或提拔。感情相關的位置出現天鉞，有機會在本該只有兩個人的關係之中多出一個女性。天鉞這種給予幫忙、提攜、照顧的特質，其實若自己行有餘力多在能力範圍內給予他人幫助，也有機會在你需要的時候收到回饋。前面分享的十四主星，凡是有孤寡、不善溝通、需要團隊、特質要有人才能發揮的星曜喜歡遇到天鉞。

祿存

祿存星

祿存星為乘旺之星，乘旺的是十四主星。祿存星會將主星的正面特質增幅，而得到緣分增加的機會。例如天機星是一顆聰明、邏輯好、條理性強又善良的星曜，但是性格上難免有孤傲的一面。當天機星與祿存星同宮在夫妻宮，天機星的邏輯、條理、善良的特質被加強了，而增加了感情的緣分。這時候天機星孤傲、善變的特質並沒有被降低，但在優良特質被凸顯的狀態之下，會讓對象忽略相對負面的特質，或者理解為「聰明的人帶點傲氣很正常」。

乘旺之星顧名思義要有主星讓他騎乘上去，當十四主星沒有任何一顆跟祿存星放在一起的時候，會讓命主覺得該宮位讓人不安。例如財帛宮只有祿存星沒有其他主星，會讓旁人覺得這個命主很吝嗇——其實不是吝嗇，而是對財務收支沒有安全感而變得小心翼翼。

祿存代表著緣分增加、正面特質增幅，所以很容易讓人覺得偏向好處，其實這樣的理解也不算錯誤。但依然要注意祿存進入了什麼宮位，例如有固定伴侶的人夫妻宮裡面有祿存除了與伴侶的感情升溫，也代表了感情上的特質吸引人、有機會吸引到其他人，若自己不懂得把持，其實也是風險。又例如，跟身體有關的宮位有祿存進入，基本上最好只是肥肉的增加，因為肉體多出任何其他的東西其實都有健康風險。

祿存除了本命盤有，在流年盤上也會有另外一顆祿存星產生。流年的祿存星有可能代表該年度的好處與機會。

要找到本命盤的祿存星所在的位置，需要使用出生年的天干，請參考圖四：

例如西元 1995 年出生，西元尾數為 5，對應圖四那一年的天干為乙，祿存星即在卯的地支位，即為本命祿存星所在的位置。

流年的祿存星所在的位置，需要使用該年度的流年天干，同樣依照圖四查找排列：

以 2023 年為例，西元尾數為 3，對應圖四流年天干為癸，祿存星在子的地支位，因此 2023 年流年祿存即在子位。

找到祿存星之後，順時針一宮即為我們後面接著要談到的四煞星中的擎羊所在位置，逆時針一宮即為陀羅星所在的位置。找到祿存星，必定有屬於那一個祿存星的擎羊與陀羅相隨。

祿存、擎羊、陀羅都是不只本命盤一組，流年也有一組流年的祿存、擎羊、陀羅。

圖四／十天干的祿羊陀

西元尾數	天干	祿存	擎羊	陀羅
4	甲	寅	卯	丑
5	乙	卯	辰	寅
6	丙	巳	午	辰
7	丁	午	未	巳
8	戊	巳	午	辰
9	己	午	未	巳
0	庚	申	酉	未
1	辛	酉	戌	申
2	壬	亥	子	戌
3	癸	子	丑	亥

四煞星

望文生義的本能會讓人下意識地對四煞星另眼相看，感覺只會帶來破壞而避之唯恐不及。但是我們提醒過大家：每一顆星曜屬性都是中性的，端看整體的星曜搭配以及進入了什麼樣子的宮位再做客觀的判斷。

四煞星其實代表人類最原始的情緒，而很多時候情緒是很難控制的，帶著情緒做事很容易出錯、不穩定。

順著這樣子的分析脈絡，你可能會苦惱該如何中性地了解四煞星，我們用更簡單的方式說明：

有些時候突破僵局需要的是不同於以往的行事作風，這正是煞星的力量。例如對於彼此關係已經變質的情侶，被徒剩稱號叫男友的人冷暴力對待、貶低傷害，明知道要分手才能改變持續被傷害的現狀，卻因為性格的原因無法割捨過去果斷分手的女孩，其實缺的就是擎羊抽刀斷水的魄力。這裡一樣帶有破壞，但這樣的破壞是正面的解放，中間若是有爭執、破財、難過的現象都是通往自由的代價。

此外，前面在天同星的篇章有分享過，煞星針對疲軟的個性有刺激、鼓舞而增加動力的正面特質。

1 擎羊

最早起源於胡人的砍刀，當宮位裡面出現這顆星曜，在相對應的事情上有當機立斷、決策迅速、果決的意思。與財星放在一起或者進入財帛宮都有破財的跡象，進入感情或人際相關宮位或搭配對應的星曜有爭執的可能，也主狀況的改變。

2 陀羅

原地旋轉的陀羅星，其實來自佛教的典籍，用佛教的說法叫業障，用日常的說法叫功課。當宮位裡面出現這顆星曜，在相對應的事情上有糾結、糾纏、左右搖擺無法決斷的可能。但在適當的情境下也可以發揮鑽研、專業技術磨練、並為只是有亂流但可修復的關係爭取的緩衝時間。與財星放在一起或者進入財帛宮都有破財的跡象，進入感情或人際相關宮位或搭配對應的星曜有互相折磨的可能，也主狀況的膠著。

3 火星

大火燎原的火星，代表了火爆、熱情、沒耐性，有瞬間的爆發力但是沒有持續力。火星進入的宮位，對於相對應的事情彷彿一把大火直接燒毀。若當前的情境需要瞬間的爆發力或者一個爆點引爆，會需要火星的力量。與財星放在一起或者進入財帛宮都有破財的跡象，進入感情或人際相關宮位或搭配對應的星曜有衝突爆發的可能，也主狀況的一發不可收拾與變動。

4 鈴星

鈴星是小刀，冷靜、沈著、有計畫性地慢慢破壞。鈴星進入的宮位，有了明確的目標之後非常能夠吃苦耐勞。若當前的情境需要縝密的計算（例如離婚前先做好財產配置不讓人分走），會需要鈴星的力量。與財星放在一起或者進入財帛宮滿足條件可以是偏財，但走在偏財的路上本就滿是風險，有更高的機率是賠錢。進入感情或人際相關宮位或搭配對應的星曜有彼此對陣、互相謀算的跡象，也主狀況經過計算後而變化。

鸞喜

一般常聽到的紅鸞星動，談的就是紅鸞跟天喜這兩顆成對的桃花星。紅鸞與天喜這一對對星對外緣的增加有顯著的作用。除此之外這兩顆星曜也代表了家有喜事，談到家就知道一定跟田宅宮與子女宮關聯。所謂家有喜事不外乎結婚、生子、光耀門楣或升官，除了本就有的桃花屬性之外，在此也可以看到代表發揚、彰顯、科甲的特質存在。但若搭配的是煞星，特別是進入與身體相關的位置，則有血光的意涵。

所謂紅鸞星動的「動」，意思是這兩顆星曜也跟前面介紹的祿存、擎羊、陀羅三顆星曜一樣，除了本命之外有另外一組會隨著流年轉動。差異在於祿存、擎羊、陀羅是隨著天干變動，而紅鸞、天喜是隨著地支位（生肖）變動。所以掌握出生年與流年的生肖，從地支位卯宮作為鼠開始，逆時針一宮一宮數到對應的生肖就可以輕鬆地找到紅鸞，找到紅鸞之後，對宮即為天喜。

接下來分本命、流年兩張圖（圖五、圖六），介紹如何找到紅鸞跟天喜在命盤上的位置。

本命，1995年生為乙亥年，乙天干亥地支，對應圖表亥的生肖為豬，因此出生年生肖為「豬」，出生年紅鸞即在辰地支位，天喜在戌地支位。

圖五／十二生肖的紅鸞與天喜

十二地支	生肖	紅鸞	天喜
子	鼠	卯	酉
丑	牛	寅	申
寅	虎	丑	未
卯	兔	子	午
辰	龍	亥	巳
己	蛇	戌	辰
午	馬	酉	卯
未	羊	申	寅
申	猴	未	丑
酉	雞	午	子
戌	狗	巳	亥
亥	豬	辰	戌

2023 年，為癸卯年，為兔年：

試著標示出 2023 年的紅鸞與天喜。

圖六／試著標示出 2023 年的紅鸞與天喜

十二地支	生肖	紅鸞	天喜
子	鼠	卯	酉
丑	牛	寅	申
寅	虎	丑	未
卯	兔	子	午
辰	龍	亥	巳
己	蛇	戌	辰
午	馬	酉	卯
未	羊	申	寅
申	猴	未	丑
酉	雞	午	子
戌	狗	巳	亥
亥	豬	辰	戌

1 紅鸞

為桃花星，具有姻緣、嫁娶以及懷孕生子的特質。同時也有血液的意思，所以若搭配上如擎羊、鈴星，進入流年的身體相關宮位，則有受傷、流血之類的意外須防範。若身體本就有狀況，則有開刀的可能。

2 天喜

為桃花星，具有喜慶、姻緣以及懷孕生子的特質。同時滿足條件也有升官的跡象。

3. 時間

天干引動的四化以及祿存、擎羊、陀羅

要掌握流年趨勢的推算，首重要掌握時間、空間變動的因子——天干就是這個環節裡面的重要變因。接下來跟大家分享天干是在什麼環節以及如何在命盤上呈現變動的軌跡。

天干會隨著時間的挪動而跟著變化，翻查農民曆或者手機下載萬年曆應用程式可以更快速查找流年、流月、流日，乃至於流時的天干。不同的天干會帶動不同的「星曜變化」以及不同的「機會與風險壑口」。

星曜的變化也就是我們所說的「四化」，而「機會與風險壑口」簡易但有效的掌握技巧即對於「祿存、擎羊、陀羅」三星的解讀。

四化

我們應該不會有異議，在不同的時間以及空間場域之下，我們需要用不同的特質去謀求最佳利益。例如在一個勢必得要變動的大環境之下，堅持守護過往榮光的人，我不會說他必定失敗，可是他一定辛苦。而要看懂環境，不能不看懂四化。四化是星曜跟著天干變動所產生的變化，而一切的變化都需要隨著星曜的本質以及所落入的宮位來解析。大抵來說，四化的核心意涵如下：

化祿：增加。

化權：擁有、掌握、加重、強勢、雙。

化科：出名、彰顯、發生、曝光、面子。

化忌：空缺、需求、問題、煩悶。

我們用四種變化都有的「天機星」來展現隨著環境的不同（亦即天干的轉換），所產生的不同變化。首先天機星的核心特質是善良、善變、聰明、邏輯好、有條理、反應快，在這樣的基礎上產生了四化的詮釋如下：

- 天機化祿：因為聰明、反應快，透過合乎邏輯條理的變動而取得好處。
- 天機化權：聰明、機變，堅信自己的邏輯所以讓人有強勢的感覺，也希望用自己的邏輯掌握事情的走向。
- 天機化科：聰明、機敏、邏輯條理好、反應快的特質得到了彰顯，孤傲的特質也有可能更顯著。另外天機也與機械、交通有關，若化科也代表有相對應的事情發生，所以同時要注意交通事故以及器材出問題。
- 天機化忌：邏輯與條理的部分有了空缺，更執著於這方面的填補就有可能有想太多、聰明反被聰明誤的狀況產生。

接著同時參考是在什麼樣子的宮位裡面產生了這些星曜變化，對應著詮釋即可。

我們說過每一個星曜的特質都是中性的，每一個四化亦然。四化之中最容易被人誤會的就是「化忌」，既有空缺需要被滿足，也容易有問題，同時感覺到煩悶。其實就是有這樣子「不舒適」、「空乏」的感覺才會成就一個人追求的動力，化忌的「空缺感」正是推動四化運作的關鍵——因為空缺的感覺而努力，並求得好處、權力、名聲，即為化祿、化權、化科。

然而對一件事情有所期待的等待過程容易患得患失或出力過猛，同時付出了努力也未必可以等到回饋，而有煩悶的情緒產生，所以讓人忽略了化忌的必要與其正面特質。

時間會變，人也會變：生年天干和流年天干變動的四化基本解讀

根據出生年份的天干，命盤上會有一組根據生年天干而產出的四化。同時也會有另外一組根據流年農民曆上記載的天干所產生的流年四化（P.92 圖七）。這兩者的差異要如何解讀呢？

本命盤上的所有資訊包含四化，代表的是與生俱來的家世、態度、個性、價值觀或者說是天賦。而流年所產生的四化代表外在環境的變遷所造成的起伏以及功課。

舉例來說，一個孩子的本命官祿宮裡面若坐入了天機星，代表這個孩子的生命追求邏輯與條理。具備這樣子個性的孩子在成長的過程之中若沒有受到其他的影響偏移，具備可以將書唸好的特質。這個時候根據這個小孩子的西元出生年、月、日、

時查找農民曆得知該年天干為丁，天機化科。這個小孩子先天就在官祿宮具備邏輯、條理、靈活等特性並且容易得到彰顯，所以各方面學習上順利又靈活，則聰慧的特質更是明顯。而這孩子的學業也如命盤預示的一路順風順水，除了校內的學科之外，也因為個性不喜歡一成不變而累積了許多課外的知識與才藝。

但這個孩子卻跌破了大家的眼鏡，在申請大學入學的時候慘遭滑鐵盧，情緒一蹶不振。在這個孩子的流年走到天干戊的時候，這個時候流年的天機星會化忌。導致慘遭滑鐵盧的原因有可能是思緒在這一年患得患失，想要展現一路求學的輝煌而過頭了。天機化忌的時候，思慮有可能因為想太多而紊亂，在思緒不夠清晰、自信學業過往成果、又同時有海量的成果可以呈現的時候，就有可能沒辦法好好地呈現。雖然成果可能還是相較一般學生好，但與自己本身的期待有落差。當命盤上出現這樣的情況的時候，我們可以在事件發生之前做好對應的準備。例如適時的求助並接受老師的指導將自己的意見放低，會是當下的理想處理方式。

此外，當流年的天干造成天機化忌的時候，也有可能在當年度的社會氛圍之下，這類典型的學霸不是招募的重點。這也符合當前多元入學，講求通才或人際溝通能力的可能結果，因為天機化忌的時候，貪狼必化祿，同時右弼必化科。貪狼玲瓏的溝通交流能力能得到好處，同時願意給予他人同理貼心、輔助的人會被彰顯。

圖七／四化表

天干	祿	權	科	忌
甲	廉貞（廉）	破軍（破）	武曲（武）	太陽（陽）
乙	天機（機）	天梁（梁）	紫微（紫）	太陰（陰）
丙	天同（同）	天機（機）	文昌（昌）	廉貞（廉）
丁	太陰（陰）	天同（同）	天機（機）	巨門（巨）
戊	貪狼（貪）	太陰（陰）	右弼（右）	天機（機）
己	武曲（武）	貪狼（貪）	天梁（梁）	文曲（曲）
庚	太陽（陽）	武曲（武）	天同（同）	天相（相）
辛	巨門（巨）	太陽（陽）	文曲（曲）	文昌（昌）
壬	天梁（梁）	紫微（紫）	左輔（左）	武曲（武）
癸	破軍（破）	巨門（巨）	太陰（陰）	貪狼（貪）

祿存、擎羊、陀羅的實際用法

祿存、擎羊、陀羅三顆星曜的基本特性在前面已完整地介紹（見P.76～P.81），在這裡我們主要跟大家分享的是更實戰使用的方法以及視角。

根據出生年份的天干，命盤上會有一組根據生年天干而產出的祿存、擎羊、陀羅三顆星曜的位置。同時也會有另外一組根據流年農民曆上記載的天干所產生的流年祿存、擎羊、陀羅。這兩者的差異要如何解讀呢？在深入解析之前，我們先複習三顆星曜的重點：

祿存：乘旺主星、增加好處、緣分。

擎羊：果決、抽刀斷水、決斷力、情緒。

陀羅：麻煩、課題、糾纏、難斷根、情緒。

本命盤上的所有資訊，代表的是與生俱來的家世、態度、個性、價值觀或者我們說的天賦。而流年所產生的祿存、擎羊、陀羅代表的是外在環境的變遷所造成的傷害以及機會。

例如一個人的本命盤財帛宮裡有祿存，同宮主星是武曲，武曲星作為財星與祿存同宮進入了財帛宮，代表的是先天理財能力不錯，可以靠務實穩健與專業搭配的方式來財。勤懇的態度被祿存增幅，不善溝通的特質變得不明顯，同時增進了人緣。本命盤代表個性以及天賦，身為一個在襁褓中的嬰兒正常狀態還不具備賺錢能力，所以不能解讀為財物價值的增加，只能解讀為先天具有如此天份。

若流年在同樣的機會補進了祿存，則代表在當下那個流年，本身的天賦得以有機會發揮，進而獲得財物價值的增長。若補進了擎羊，則解釋為因為今年個性比較剛直、衝動，縱然有良好的取財天賦環境，還是造就了破財的機會。

另外，前面分享過找到祿存，就會同時在其順時針與逆時針一宮找到擎羊與陀羅，某種程度上這也代表了一種自然狀態：在好事的前後，總是會有些問題或者困難要克服、得到好處需要付出的代價與難題。

問題與難關的部分，我們繼續導入前一段關於破財的跡象。其實在前一段我沒有定論這個破財的機會究竟是好是壞，因為工作或者事業上總是有些時候需要擴充資源、投資未來，在投入的當下、還沒回收的時候，基本就算是破財。但是這樣的破財可能為未來帶來更豐厚的營收，領先同業，這時候要觀察的是後續的祿存是否可以持續補進接下來的財帛宮。

此外，2020 與 2021 兩年受到 Covid 影響，各國大亂，但也有不少人在一波大環境的衝擊之下逆勢賺到大筆財富。大家會注意到這兩年的財帛宮其實都有流年的祿存，既然如此，子女宮就會連著兩年都有擎羊、疾厄宮都會有陀羅。除了預告了疫情的影響在當時不會那麼快過去之餘，大環境其實有賺錢的機會，只是需要動用到儲蓄與原來的營收。在當時搶進醫療產業、運輸，或者是投資相對應的股票的人都賺了不少。但是在那個決策點，需要付出的是扛住內心的不確定感，並且貌似與大環境的風向逆著走，更破壞了一些行業規則。很多時候，是敢不敢的問題，而敢不敢除了膽識，也跟每個人一路積累的底氣有關。

4. 宮位

時空轉換帶來本命盤與運限盤／從流年盤掌握外在的風險和機會

我們不斷地提醒，運勢的推斷主要核心是人與時間及空間之間的關係。我們首先透過解析27顆精選星曜來講述人的因素、性格與作為。接著透過天干與其勾動的四化以及祿存、擎羊、陀羅三顆星曜的排佈，帶大家初窺時間的因素。現在我們將進入宮位的解析幫大家拚上完整的時間地圖，以及分析空間的因素。

在前面跡象的實際案例分享中，應該有部分讀者能發現到我們不斷地提及「與XX相關聯的宮位」、「進入XX宮的時候」、「滿足條件的話」這類的語句，這些都是為接下來宮位的解析預留出空間。

紫微斗數的命盤上有十二個宮位，如果從命宮開始逆時針排列為命宮、兄弟宮、夫妻宮、子女宮、財帛宮、疾厄宮、遷移宮、交友（僕役）宮、官祿宮、田宅宮、福德宮與父母宮。

每一個宮位都有其意涵以及主掌的議題，我們整理成完整的示意圖（圖八）。

圖八／本命盤十二宮解釋

兄弟 與兄弟姊妹的對待態度、母親	命宮 自身個性與能力特質，影響十二宮	父母 父親、家世背景、教育環境、長相遺傳	福德 福氣、祖上、精神狀態，靈魂
夫妻 感情價值觀、對象的選擇與喜好			田宅 家世背景、財庫、家人
子女 對子女的態度、對性的態度			官祿 學業與工作態度喜好，人生價值的追求
財帛 對錢財的態度	疾厄 身體、外型、遺傳	遷移 個人在外的展現希望外人對自己的看法、內心世界的想法	交友（僕役） 交友態度、各類平輩關係

宮位隨著運限的變動也會跟著轉動，例如流年的命宮位置會跟著地支位（生肖）移動，代表你的日常重心隨著外在環境的轉移。除此之外宮位也代表著空間的意涵，例如官祿宮可以代表一個人的工作、求學環境，田宅宮除了代表與家人相處的狀況、運限上做為財庫，也代表了一個人的居住環境。

行文至此你可能會有疑問，那像是父母宮、兄弟宮或者夫妻宮這樣的宮位，似乎很難跟我們說的空間概念做連結？其實並不複雜，一般人在面對父、母、兄、弟、姐妹、朋友、同事、老闆、陌生人是不是說話或者應對態度都會有所差異，因為場合與場域不同，這邊就可以將之理解為空間的概念。同理可證，十二宮分別代表我們面對世界的一部分，所以都可以視為「場合」或「空間」的概念來理解。

人（星曜）、時間（天干和宮位）、空間（宮位）的觀念到此，我們有了一個完整的概念。如同我們再三強調的，命理的推測主要是推測人與時間同空間之間的影響，所以宮位與星曜需要一起解析不能夠分離，並取用適合的解釋。武曲星要進入如流年命宮、財帛宮並且同時化祿或者有祿存同宮才主財的增長。進入其他宮位談論的是該宮位的態度、價值觀與應對方式。假使武曲星進入流年僕役宮，是面對交友重義氣、務實的態度，若再加上武曲在此化祿，代表重義氣和務實的態度讓關係融洽，也因為重義氣而有機會有金錢往來讓關係變得更緊密，而不是財務的增加。

以下會透過更細節的解析將本命十二宮以及流年十二宮的意涵與運轉方法分享給大家。

本命盤

輸入一個人的出生年、月、日、時辰進排盤軟體，立刻就會取得做為「基底」的本命盤。

所謂的「基底」，是說本命盤上揭示的一切訊息，都代表一個人的家世、背景、態度、價值觀、個性以及天賦。而人往往深受基礎個性的影響，因為那是與生俱來的，同時也是最直覺應對世界的方式。

例如一個孩子出生本命盤破軍坐命，同宮有擎羊以及火星，破軍星作為一個可以為了夢想不管不顧又大破大立的星曜，加上了擎羊的果敢以及火星的衝動，那我們可以判斷這個孩子先天的個性本就衝動。

前面我們分享過的概念，隨著時間推動，天干變化，同樣的宮位有機會再補進其他的煞星，那就容易因為本來就衝動的個性受到了外界的刺激，而招致麻煩。

簡單說，本命盤是解析一個人的原始個性的重要基石。

◆流年盤◆

紫微斗數命盤之所以可以在一張盤上推演出千變萬化，就在於將時間流動的概念設置進了整門技術。除了本命盤之外，還有許多的運限盤，而為了在有限的篇幅之內教會大家流年的判讀，我們從中精選出流年這張盤與本命盤的組合、疊加分享給大家。

閱讀至此，大家應該很清楚地知道，流年盤的重點是來自於外界的刺激。在本命命盤的基礎上，隨著時間發生不同的際遇，會在每個人生有不同的沉積，而人會背負著這樣的沉積或者也可以說是經驗，繼續前行到盡頭。例如一個個性天真的人，如果成長的過程一直遭受到霸凌，出社會也被打壓，其個性一定會有變化。雖然不一定能夠體悟出不再受到欺凌的生存之道，但是他一定會想辦法讓自己少受到一些苦難。於是本來見到人就掏心掏肺的他，可能會變得少說一點或者選擇性地掩蓋一些事實或戴上面具。這就是隨著時間挪動，而在本命盤原來個性上所增加的變化。

流年盤的查找非常簡單，首先要知道該年度為哪一個十二生肖年，找到對應的地支位，該對應的地支位，即為流年命宮（圖九、圖十）。例如 2023 年為兔年，對應的地支位為卯，卯宮即為 2023 年的流年命宮。

圖九／十二地支對應十二生肖

十二地支	十二生肖
子	鼠
丑	牛
寅	虎
卯	兔
辰	龍
己	蛇
午	馬
未	羊
申	猴
酉	雞
戌	狗
亥	豬

圖十／以 2023 年為例，列出十二宮

福德 巳	田宅 午	官祿 未	交友（僕役）申
父母 辰			遷移 酉
命宮 卯			疾厄 戌
兄弟 寅	夫妻 丑	子女 子	財帛 亥

找到流年命宮之後，逆時針依序排列命宮、兄弟宮、夫妻宮、子女宮、財帛宮、疾厄宮、遷移宮、交友（僕役）宮、官祿宮、田宅宮、福德宮與父母宮即可取得流年命盤。（不要忘記加上前面分享過的用天干安置流年的祿存、擎羊、陀羅；四化。還有用地支安置的流年紅鸞與天喜。）

排出流年盤的十二宮之後，會發現每一個宮位都疊在一個本命盤的宮位上（圖十一）。前面分享流年盤與本命盤的因果關係，可以以「疊宮」呈現。例如流年官祿宮疊在本命父母宮上，那你的工作會受到上司或者爸爸影響，如果在找工作，有機會可以透過長輩介紹。隨著時間移動，流年的官祿宮也會順時針跟著挪動，而疊上本命的福德宮、官祿宮、交友宮……等。

圖十一／流年盤疊本命盤

流年福德宮 本命兄弟宮 巳	流年田宅宮 本命命宮 午	流年官祿宮 本命父母宮 未	流年交友宮（僕役） 本命福德宮 申
流年父母宮 本命夫妻宮 辰			流年遷移宮 本命田宅宮 酉
流年命宮 本命子女宮 卯			流年疾厄宮 本命官祿宮 戌
流年兄弟宮 本命財帛宮 寅	流年夫妻宮 本命疾厄宮 丑	流年子女宮 本命遷移宮 子	流年財帛宮 本命交友宮（僕役） 亥

本命盤與流年盤的交互影響，除了標示了成長軌跡，彼此之間有因果關係。依照前面的圖例簡明的詮釋如下（圖十二）：

圖十二／流年官祿宮疊本命父母宮的解釋推演

<table>
<tr><td>巳</td><td>午</td><td>流年官祿宮
本命父母宮
未</td><td>申</td></tr>
<tr><td>辰</td><td colspan="2" rowspan="2">流年官祿宮疊本命父母宮的解釋推演：
工作受父親影響 >
覺得工作要與自己價值觀一致 >
希望工作要能符合自己的理想 >
工作上受到親屬、自己人際交流方式的價值觀影響。</td><td>酉</td></tr>
<tr><td>卯</td><td>戌</td></tr>
<tr><td>寅</td><td>丑</td><td>子</td><td>亥</td></tr>
</table>

一般說來，本命盤做為基礎設定就好比你是一台只產咖啡膠囊的廠商生產的咖啡機（本命），隨著心情你可以產出不同的咖啡（流年），但始終是咖啡（本命加流年）。本命盤做為一切的原因的根源存在。

但也有可能流年盤會反過來影響本命盤。如果市場變換，為了增進買氣，廠商新開發出了草莓牛奶、熱可可以及其他各式飲料膠囊（流年），咖啡機還是咖啡機（本命），但是名稱可能會有變換以利於增進不同的客源（本命和流年）。就拿前面提過的本命財帛宮裡有武曲化祿來舉例，具有務實的理財天賦，隨著運限轉動很有機會造就還不錯的理財結果。但這時候流年的交友宮疊在這個宮位上面，同時有流年的擎羊同宮，那就有因衝動蒙受損失的可能，因為重義氣受到朋友影響了你原來務實的理財觀。

流月盤

流月盤可以搭配流年盤使用，解析方式一如流年盤疊併本命盤的詮釋，只是變化與刺激來自於月的等級。

要找到流月的命宮（也可以直接透過軟體排列），首要確定本命盤「寅」地支位為本命盤十二宮的什麼宮位（圖十三），假設一樣是財帛宮，那麼找到流年的財帛宮即為該年度的農曆一月命宮（圖十四）。從一月開始順時針排列十二個月命宮（圖十五），依逆時針順序依序排列每一個流月的十二宮（十月為例）。（見圖十三～圖十六）

（不要忘記加上前面分享過的用天干安置流月的祿存、擎羊、陀羅；四化。）

圖十三／本命盤寅地支位對應本命盤宮位

本命兄弟宮 巳	本命命宮 午	本命父母宮 未	本命福德宮 申
本命夫妻宮 辰			本命田宅宮 酉
本命子女宮 卯			本命官祿宮 戌
本命財帛宮 寅	本命疾厄宮 丑	本命遷移宮 子	本命交友宮（僕役） 亥

圖十四／依據圖十三，確定 2023 年農曆一月的流月命宮

流年福德宮 本命兄弟宮 巳	流年田宅宮 本命命宮 午	流年官祿宮 本命父母宮 未	流年交友宮（僕役） 本命福德宮 申
流年父母宮 本命夫妻宮 辰			流年遷移宮 本命田宅宮 酉
流年命宮 本命子女宮 卯			流年疾厄宮 本命官祿宮 戌
流年兄弟宮 本命財帛宮 寅	流年夫妻宮 本命疾厄宮 丑	流年子女宮 本命遷移宮 子	流年財帛宮 本命交友宮（僕役） 農曆一月 流月命宮 亥

圖十五／延續圖十三，排出農曆十二個月的流月命宮

農曆七月 **流月命宮** 巳	**農曆八月** **流月命宮** 午	**農曆九月** **流月命宮** 未	**農曆十月** **流月命宮** 申
農曆六月 **流月命宮** 辰			**農曆十一月** **流月命宮** 酉
農曆五月 **流月命宮** 卯			**農曆十二月** **流月命宮** 戌
農曆四月 **流月命宮** 寅	**農曆三月** **流月命宮** 丑	**農曆二月** **流月命宮** 子	**農曆一月** **流月命宮** 亥

圖十六／延續圖十五，以 2023 年農曆十月為例排出流月十二宮

流月子女宮 巳	流月夫妻宮 午	流月兄弟宮 未	流月命宮 申
流月財帛宮 辰			流月父母宮 酉
流月疾厄宮 卯			流月福德宮 戌
流月遷移宮 寅	流月交友宮 （僕役） 丑	流月官祿宮 子	流月田宅宮 亥

流日盤

流日盤可以搭配流月及流年盤三張疊在一起使用，解析方式一如流年盤疊併本命盤的詮釋，只是變化與刺激來自於日的等級。

要查找流日命宮（也可以直接透過軟體排列），首要找到當月流月命宮，延續流月的案例，依農曆十月為例，找到流月命宮直接同宮起一號流日命宮，從流日一號的命宮開始順時針排到當月的最後一天，即為各流日命宮。有了命宮之後，就可以老規矩逆時針排佈十二宮，取得流日命盤。（圖十七）

（不要忘記加上前面分享過的用天干安置流月的祿存、擎羊、陀羅；四化。）

圖十七／延續圖十六，農曆十月六號流日命宮

流月子女宮 巳	流月夫妻宮 午	流月兄弟宮 未	流月命宮 十月一號 申
流月財帛宮 辰			流月父母宮 十月二號 酉
流月疾厄宮 卯			流月福德宮 十月三號 戌
流月遷移宮 寅	流月交友宮 （僕役） 十月六號 流日命宮 丑	流月官祿宮 十月五號 子	流月田宅宮 十月四號 亥

閏月

閏月農曆一至十五號算當月，閏月農曆十六日開始到該閏月最後一天算下個月，在閏月的流日層級農曆一至十五號或與當月的農曆一至十五號宮位重疊，農曆十六日開始到該閏月最後一天與下一個月農曆十六號開始重疊，但是天干會有變化（圖十八）。

（不要忘記加上前面分享過的用天干安置流月的祿存、擎羊、陀羅；四化。）

圖十八／以 2023 年農曆閏二月為例

閏 2 月 1 號 ~ 閏 2 月 15 號，視為農曆 2 月	閏 2 月 16 號 ~ 閏 2 月最末日，視為農曆 3 月
閏 2/1 視為 2/1	閏 2/16 視為 3/16
閏 2/2 視為 2/2	閏 2/17 視為 3/17
閏 2/3 視為 2/3	閏 2/18 視為 3/18
閏 2/4 視為 2/4	閏 2/19 視為 3/19
閏 2/5 視為 2/5	閏 2/20 視為 3/20
閏 2/6 視為 2/6	閏 2/21 視為 3/21
閏 2/7 視為 2/7	閏 2/22 視為 3/22
閏 2/8 視為 2/8	閏 2/23 視為 3/23
閏 2/9 視為 2/9	閏 2/24 視為 3/24
閏 2/10 視為 2/10	閏 2/25 視為 3/25
閏 2/11 視為 2/11	閏 2/26 視為 3/26
閏 2/12 視為 2/12	閏 2/27 視為 3/27
閏 2/13 視為 2/13	閏 2/28 視為 3/28
閏 2/14 視為 2/14	閏 2/29 視為 3/29
閏 2/15 視為 2/15	

第二章

整合實戰運用1
推算流年的SOP

紫微斗數命盤上透露了很多的訊息，在這本書中我們不斷地去蕪存菁幫大家精選掌握流年需要的關鍵，並仔細地分享這些精選的手法以及星曜內涵。雖已經嘗試用最洗煉的方式，但我們也理解初接觸的狀態之下總還是難免有迷失。所以以下分三個步驟「查看流年盤上的祿存、擎羊、陀羅」、「查看流年盤上的四化」、「查看疊宮關係」，幫大家建立基礎的步驟，可以按圖索驥同時回頭翻閱前文的解析搭配使用、輕易上手。

Step 1.

查看流年盤上祿存、擎羊、陀羅坐落的位置

你的機會、風險、功課

前面分享過流年盤對於當今社會的人們很重要，因為在這個瞬息萬變的社會，事先了解社會的脈動可以設法未雨綢繆。流年命宮所在的地支位，所有人都是一樣的，只是宮位內的星曜不盡相同，不過會有三顆星曜的位置是所有人都一樣的，這三顆星曜就是祿存、擎羊、陀羅。

第一步優先判讀這三顆星曜坐落的位置，可以理解這一年的時間之內，你的機會、風險、功課在哪裡。祿存所在的位置可以被視為機會，擎羊衝動的特質進入的

位置可以提醒你風險所在，陀羅糾纏的特質並不是瞬間可以解決的，所以可以被當作功課，看如何好好地答題。

以 2020 年為例：

2020 年為庚子年，所以祿存進入了流年財帛宮，擎羊進入了流年子女宮，陀羅進入了流年疾厄宮。流年關於機會的星曜進入了財帛宮，風險進入了子女宮，功課進入了疾厄宮。疾厄宮與健康相關，財帛宮很直白地與理財賺錢能力相關，至於子女宮有孩子、財庫相關。

大家都知道當年度大型傳染病大爆發，關於健康議題人人草木皆兵，整個社會陷入了大型停擺，符合陀羅的現象。但其實很多人在這個時候賺得盆滿缽滿，這也符合了祿存的機會顯現。但一切的盈利都有代價，該付出的代價就在於你是否能夠在這樣不知道疫情盡頭在哪的境況之下，勇於掏出你財庫裡面的錢，並承受得住家人的不諒解、爭執或者需要與親屬（孩子）分隔兩地（檢疫、隔離），或將之暴露在風險中勇於投入市場。

了解這樣的脈絡，就可以據之做出對應的準備。你也可以將這三顆星曜進入的宮位都當作是自己需要小心應對的場域，很多事情的衝擊來自於事先不了解，全然的防範可能保守，但是可以降低風險。

例如我因為過去工作的關係有積攢，一些業內專業人士都給予我不少的分析情報讓我投資，我手上也有閒錢，但我動都沒動，在某些人眼中我錯過了這一次機會。的確，但是過往的成長經驗，讓我覺得若戶頭裡面沒有一定水位的閒置資金，我會憂慮到無法入眠。另一方面來說，祿存獨坐在命宮的我，對於凡事都還是希望留有餘裕，這才是我的安全感。

命盤上的資訊可以當作是提示，切記還是要貼合實際上的生活運用。我理智地看到了，但我也理智地選擇了錯過。但若今天是一個山窮水盡的人又或者是一個財力比我更雄厚多倍的人，這三顆星曜揭露出來的訊息或許他們會選擇掌握。這是給予初心者的一些經驗分享。

Step 2. 查看流年盤上的四化給予的指示

人無法脫離環境的影響

我們分享過流年天干產生的四化代表外界的趨勢，而外界的趨勢不論任何人用任何方式生活都一定會受到影響，這樣的影響會直接顯示在自我的流年命盤之上。

例如流年天干若走庚，整體外在的環境是太陽化祿、武曲化權、天同化科、天相化忌。

整體外在環境的趨勢解讀為：太陽化祿，優勢在於本就在社會上有江湖地位的、傳統價值觀、父權或者心中懷抱大愛為社會付出者相對有利；武曲化權，務實穩健踏步向前有機會掌握權力；天同化科，重視人際關係、博學的人容易得到彰顯，同時既然重視人際關係，任性的人若沒有實力也容易被現實打臉；天相化忌，規則的重塑、洗牌、官非。

這樣的趨勢如何影響你呢？你自己的盤上一定有這些星曜，看進入什麼流年宮位，就對那個宮位產生影響。假如參照自己的盤之後，發現太陽星在流年的財帛宮、武曲星在流年的疾厄宮、天同星在流年的遷移宮、天相星在流年的子女宮，那就是外在的環境或突發事件會影響到這四個宮位：

- 流年財帛宮太陽化祿：當年有機會靠名聲、口碑、江湖地位得到財物上的好處，也有機會因為大愛用錢幫忙他人、用錢做名聲、捐款。
- 流年疾厄宮武曲化權：當年非常不怕操勞地使用自己的身體，當然常理推斷同時要照顧自己的身體。
- 流年遷移宮天同化科：當年出門在外容易因為人際關係、博學、堅持而得到彰顯，也愛面子。
- 流年子女宮天相化忌：當年若計劃懷孕，需注意孕期過程的保養與照護，已有小孩者，與孩子間的溝通或教養方針需更細心；人際關係有重新形塑、洗牌、官非的可能；也要注意若有穩定伴侶，彼此要注意把持外在性方面的引誘；所有物也有可能造成官非的可能，而這與人際關係有關。

透過這樣的解析，會對自我與環境趨勢之間的關係更清楚。接下來，我們還可以透過觀察疊到什麼宮位讓訊息更明顯。

Step 3.

查看流年盤疊到什麼宮位

來龍去脈與因果

我們說過也在前面用案例演示過，相互疊併的宮位之間有因果關係，大多是因為你原生的個性影響著你每一個決斷。但若是外在環境給予刺激，則反過來在對應的時間節點，環境會影響到原始的個性、態度、價值觀。在流年的等級中，流年的祿存、擎羊、陀羅與流年產生的四化就是我們說的外在環境的刺激。

我們延續前面的例子：太陽星在流年的財帛宮化祿、武曲星在流年的疾厄宮化權、天同星在流年的遷移宮化科、天相星在流年的子女宮化忌。觀察這四個宮位下面疊的是什麼宮位，發現：太陽星在流年的財帛宮化祿疊本命官祿宮、武曲星在流年的疾厄宮化權疊本命田宅宮、天同星在流年的遷移宮化科疊本命福德宮、天相星在流年的子女宮化忌疊本命交友宮（圖十九）。

圖十九／流年宮位疊併本命宮位，帶入庚年流年四化

流年兄弟宮 本命疾厄宮 巳	流年命宮 本命財帛宮 午	流年父母宮 本命子女宮 未	流年福德宮 本命夫妻宮 申
流年夫妻宮 本命遷移宮 辰			流年田宅宮 本命兄弟宮 酉
流年子女宮 本命交友宮 （僕役） 天相化忌 卯			流年官祿宮 本命命宮 戌
流年財帛宮 本命官祿宮 太陽化祿 寅	流年疾厄宮 本命田宅宮 武曲化權 丑	流年遷移宮 本命福德宮 天同化科 子	流年交友宮 （僕役） 本命父母宮 亥

加上因果關係後的詮釋如下：

- 流年財帛宮太陽化祿疊本命官祿宮：當年有機會靠名聲、口碑、江湖地位得到財物上的好處，也有機會因為大愛用錢幫忙他人、用錢做名聲、捐款。前述的跡象會影響到工作以及生活重心。
- 流年疾厄宮武曲化權疊本命田宅宮：當年非常不怕操勞地使用自己的身體，並常理推斷同時要照顧自己的身體。前述的跡象會影響到家人、居住環境。
- 流年遷移宮天同化科疊本命福德宮：當年出門在外容易因為人際關係、博學、堅持而得到彰顯，也愛面子。前述跡象會影響到價值觀、享福、享樂的方式。
- 流年子女宮天相化忌疊本命交友宮：當年若有孩子，人際關係有重新形塑、洗牌、官非的可能；也要注意若有穩定伴侶，彼此要注意把持外在性方面的引誘；所有物也有可能造成官非的可能，而這與人際關係有關。前述的跡象會影響到交友關係。

這個時候我們可以再將流年的祿存、擎羊、陀羅放進去，同步解釋。前述設定的案例年度天干為庚，所以當年度的祿存會進入流年的福德宮，陀羅會進入流年的父母宮，擎羊會進入流年的田宅宮（圖二十）。

圖二十／流年宮位疊併本命宮位，帶入庚年祿羊陀

流年兄弟宮 本命疾厄宮 巳	流年命宮 本命財帛宮 午	流年父母宮 本命子女宮 流年陀羅 未	流年福德宮 本命夫妻宮 流年祿存 申
流年夫妻宮 本命遷移宮 辰			流年田宅宮 本命兄弟宮 流年擎羊 酉
流年子女宮 本命交友宮（僕役） 天相化忌 卯			流年官祿宮 本命命宮 戌
流年財帛宮 本命官祿宮 太陽化祿 寅	流年疾厄宮 本命田宅宮 武曲化權 丑	流年遷移宮 本命福德宮 天同化科 子	流年交友宮（僕役） 本命父母宮 亥

- 祿存進入流年的福德宮：來財方式有增長的跡象。
- 陀羅進入流年的父母宮：注意官非以及與上行單位、主管的麻煩事。
- 擎羊進入流年的田宅宮：居住環境以及財庫有變動的跡象。

加上本命盤疊宮的詮釋如下：

- 祿存進入流年的福德宮疊本命夫妻宮：來財方式有增長的跡象，這會影響到感情以及生活重心的內在想法。
- 陀羅進入流年的父母宮疊本命子女宮：注意官非以及與上行單位、主管的麻煩事，這會影響到子女的教育方式、所有物、親屬。
- 擎羊進入流年的田宅宮疊本命兄弟宮：居住環境以及財庫有變動的跡象，這會影響到母親、手足姐妹、家庭。

前述的案例分享建基於一張實際的命盤以及實際發生的事件，完整的故事如下（大家可以回頭比對前面的每一個條目解析）：

命主長期在海外工作，在當年度有機會可以調回亞洲，主要考量是可以離家人近一點就近照顧母親。跨國的搬家其實是浩大的工程，特別是已經在當地駐紮十多年。命主為了省錢，很多事情親力親為，包含人工搬運回亞洲。

命主在當地的鄰居是一個知名的畫家，彼此相處融洽，所以獲贈畫作還題有命主的姓名。在身上行李已超載，又不懂得如何照顧畫作運輸的情況下，命主拜託當地一個學畫的朋友下次回台灣的時候幫忙將畫帶回來。然而就再也沒見過那幅畫。

回頭比對前面的條目，同時翻查星曜的解析之後，會發現與故事是完全貼合的。這就是紫微斗數吸引人的地方，也是一門真的能夠幫助到人的技術。

第三章

整合實戰運用2
用本命命宮的主星推算流年運勢的技巧／2023年流年星曜預測

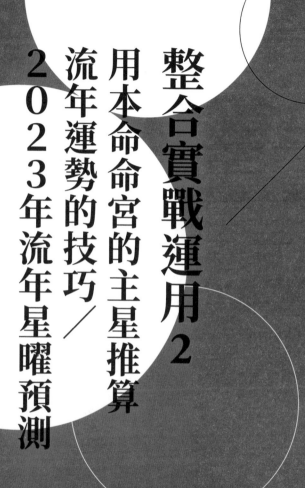

利用命宮主星推算每年基本運勢的快速判斷方法

一般來說，我們最常見的流年運勢預測，是利用農民曆的生肖來判斷自己明年的運勢吉凶，例如「屬牛者明年會犯官非，屬雞者明年有車關」等等。但是，你是否曾想過，生肖只有十二個，怎麼可能自己的命運會跟十二分之一的人一樣呢？這就是命理學上的一種困境——用一個簡單的大數據分類，然後把事情說得盡可能攏統一點，那麼在為期長達一年的運勢預測文中，總是會說中一些事。雖然不能說完全不對，卻也只能當作一個很娛樂性質、茶餘飯後的參考而已。不過，如果是利用紫微斗數命盤，就可以做出比較細緻的簡易判斷了。

紫微斗數的命盤有基本的十二種組合，而十二種組合當中，十四顆主星的不同排列又可以再變化出其他組合方式，再搭配十二宮位，最多可以做出高達數千種的排列組合（這還只是利用主星而已），所以紫微斗數可以分類出來的排列組合就會比十二種（生肖）高出很多。而且利用自己命盤來判斷運勢，會是最貼近自己的需求。那麼問題來了，我們如果是初學者，無法解讀複雜的命盤變化時，有沒有可以簡單解讀命盤運勢的方式呢？當然有。一個學問不會只有熟知學問的人可以使用，英文教授可以深入研究英文，但是不可能只有英文教授可以用英文溝通，一定也會有剛入門就可以利用主要的學理理路來使用的方式，本章將為大家介紹。

首先我們要知道，我們一般拿到的命盤稱為本命盤，而每個人還會有流年的命盤（圖二十一）。流年命盤是命盤按照宮內的地支位來當作該流年的命宮，簡單來說，2023 年是兔年癸卯年，那就用「卯」來當命宮，接著依照十二宮的固定順序，排出流年的十二宮構成流年命盤（十二宮彼此順序是固定的，命宮順時鐘一格是父母宮，逆時鐘一格是兄弟宮，依此類推。剛入門的讀者可以用自己本命盤的宮位，以流年命宮為基礎，照著順時鐘或者逆時鐘依序寫上各宮位名稱）。

圖二十一／2023 年流年命盤

流年福德宮 巳	流年田宅宮 午	流年官祿宮 未	流年交友宮 （僕役） 申
流年父母宮 辰			流年遷移宮 酉
流年命宮 卯			流年疾厄宮 戌
流年兄弟宮 寅	流年夫妻宮 丑	流年子女宮 子	流年財帛宮 亥

有了流年的命宮之後，我們就可以依照流年命宮的位置去看自己今年的運勢狀況。這是專屬於自己今年的運勢情況——為自己獨有的、今年自己與外界互動產生出來的運勢情況，例如流年夫妻宮就是今年的感情狀況。所以當我們在推算「當下的運勢」時，從來都不會是用本命盤，而是利用當下運限的那張盤（例如流年盤），這是學習紫微斗數很基本需要知道的觀念。而每一年都會有專屬的流年四化，這表示每年會有四個星曜會因為時空環境變動而產生變化，所以我們只需要掌控這個星曜變化的情況就可以基本判斷出每個人在這一年的變動情況。例如 2023 年是貪狼化忌，若是有人流年的夫妻宮是貪狼星，而貪狼是慾望的星曜，那麼 2023 年的環境就容易讓這個人在這一年對感情有比較多的期待跟需求。我們可以用這樣的方式判斷出每個人每一年的流年情況，當然，學習得愈深入，就可以再利用這個方式看看夫妻宮是疊併到本命哪一個宮位，也就是：流年夫妻宮原本是本命的哪個宮位。例如如果疊併的是本命的僕役宮，那可能這個人對感情的期待來自於期望自己的生活圈可以更加地擴大，因此希望從朋友圈找到自己的感情來源。又或者如果知道運限盤上的煞星怎麼擺放，例如觀察流年擎羊出現在哪個宮位，就可以知道自己是否受到外力（宮位）的影響，讓自己有個衝動的心。我們可以運用各式各樣的紫微斗數技巧讓自己的流年解讀更加明確，但是一切的技巧其實都源自前面提到的：

1. 我們需要先知道流年命宮的位置，依照流年命宮排列出流年命盤。
2. 看看流年的四化怎麼去影響這個流年命盤上面的星曜。

這是一切的基礎，讀者們請先練習這個基礎，再隨著技術的增長進而取得更多的資訊，就像我們可以先有房子，再慢慢去增添符合自己風格的家具一樣。

流年的祿存、擎羊、陀羅星也很重要。每年的流年祿存星的位置是依照流年的天干，用下面這張表找出來的（圖二十二）。我們可以依照每年的流年天干去對應表上天干的位置，就是流年祿存星的位置，而祿存星的順時鐘一格就是流年擎羊，逆時鐘一格就是流年陀羅。

圖二十二／十天干的祿羊陀

西元尾數	天干	祿存	擎羊	陀羅
4	甲	寅	卯	丑
5	乙	卯	辰	寅
6	丙	巳	午	辰
7	丁	午	未	巳
8	戊	巳	午	辰
9	己	午	未	巳
0	庚	申	酉	未
1	辛	酉	戌	申
2	壬	亥	子	戌
3	癸	子	丑	亥

具備了上述這些基本的要件之後，我們就初步掌握了推算流年命盤運勢的基本訣竅跟條件。由上可知，流年產生的四化會影響我們的命盤——同時影響流年命盤跟本命命盤，所以宮位疊併的時候，就會彼此影響。例如如果我的流年命宮是疊放在本命的夫妻宮，那這一年感情對我而言就是相對重要的事情，如果剛好我的夫妻宮出現貪狼化忌，我就會明確地感覺到我對感情的期待。利用這樣的一步步推演的方式我們就可以解讀出，當十四個主星在本命命宮的時候（有數十種基本組合），流年運勢會是什麼樣的情況。以下我們就用 2023 年流年運勢來一一列舉，看看該如何解讀。

1. 紫微星

紫微七殺在本命命宮

這個組合裡面，2023年的流年命宮會剛好在他的本命夫妻宮或官祿宮（圖二十三），裡面會是天相星，對宮是廉貞破軍。因為天相的關係，這是重視感情跟工作規則的一年，而對宮的廉貞破軍表示他建立規則是因為可以有更多的發展跟突破，無論是在感情或工作上。2023年是破軍化祿，貪狼化忌，而貪狼星剛好在他的本命財帛宮或福德宮，這表示紫微七殺在本命命宮的人在今年會因為自己在感情（流年命宮為本命夫妻宮）或者工作（流年命宮為本命官祿宮）而願意花錢去滿足自己的需求跟慾望。不過也需要注意到這其實是一種破財的跡象，可能因為對於感情的追求或工作的突破反而白花了許多金錢，因為 2023 年所有人的流年夫妻宮都會有個擎羊星，而在這個組合中，正好流年夫妻宮會是本命的財帛宮，宮內的星曜是武曲貪狼，並且具備了貪狼化忌跟擎羊，影響了自己的財務觀念，導致會無法對錢財應用做出理性的判斷，再搭配上流年財帛宮有個陀羅，更是讓人有理財問題。紫微七殺在本命命宮的人在 2023 年需要注意不要為了愛情沖昏頭，或者是不要因為朋友的吹捧亦或是自己希望在工作上得到身邊眾人的羨慕，就一味地投注資金，會容易造成財務上的問題。

圖二十三／紫微七殺在本命命宮

紫微破軍在本命命宮

本命紫微破軍在命宮的人，2023年的流年命宮剛好是本命的財帛宮或福德宮，宮內的星曜是武曲七殺，對宮則是天府星（圖二十四）。這是一組2023在賺錢理財方面有許多夢想跟企圖的命盤。相較於紫微七殺是在工作成就跟愛情，這個組合雖然也希望工作上有所突破，但是最大的內心原因是希望得到金錢上的滿足。因為金錢的富足可以為自己帶來心靈愉悅，感受到人生的豐富，因此這一年會改變自己，讓自己努力賺錢付出。但是要注意，因為這一年所有人都會有個流年的陀羅在財帛宮，所以一不小心就會覺得自己的錢不太夠以及理財出問題的情況。因此如果是上班族，可能只是希望多找些投資跟兼差的機會，若是如此問題就不大，頂多是投資的時候不要太過度地跟隨著市場消息；若是要創業或本來就是開業做生意的人，就需要注意會因為自認為很勤奮努力、覺得這是一個可以擴張的年份，反而弄巧成拙，陷入財務危機之中。流年命宮武曲七殺，這個組合的好處是勤奮努力，缺點也是因為自己的努力所以認為自己都是對的，無法接受旁人的意見，往往因此出現抓襟見肘的問題，尤其是原本命盤上武曲化忌，或是有擎羊跟武曲七殺同宮，都需要注意這一年反而要保守，一步一腳印地發展。

圖二十四／紫微破軍在本命命宮

紫微貪狼在本命命宮

這個組合的對宮一定是空宮，而且流年命宮剛好就在本命命宮（圖二十五）。這是自我實現的一年，加上貪狼化忌，更是讓自己覺得應該要好好地享受人生。因為化忌在自己的命宮，覺得自己有很多的想法跟慾望都要被滿足，破軍在財帛宮，花錢滿足自己是2023年的主要課題，再加上流年財帛宮的陀羅星，雖然說錢花在自己身上總是比花在別人身上好，不過要注意如果原本的破軍星或武曲星有化權，這會是想創業或投資的組合，切記不要，否則就是一場遊戲一場夢的開始。這種時候反而要將心態調整為：反正是希望放飛自我的一年，乾脆想想自己是否曾有什麼國家沒機會去，有什麼夢想要去完成，有什麼想買不敢買的，可以在這一年去實現，至少錢是花在自己身上，可以讓自己很滿足。

圖二十五／紫微貪狼在本命命宮

天相 巳	天梁 午	廉貞 七殺 未	申
巨門 辰			酉
紫微 貪狼 本命 命宮 卯			天同 戌
天機 太陰 寅	天府 丑	太陽 子	武曲 破軍 亥

武曲 破軍 巳	太陽 午	天府 未	天機 太陰 申
天同 辰			紫微 貪狼 本命 命宮 酉
卯			巨門 戌
寅	廉貞 七殺 丑	天梁 子	天相 亥

圖二十六／紫微天府在本命命宮

巨門 巳	廉貞 天相 午	天梁 未	七殺 申
貪狼 辰			天同 酉
太陰 卯			武曲 戌
紫微 天府 本命 命宮 寅	天機 丑	破軍 子	太陽 亥

太陽 巳	破軍 午	天機 未	紫微 天府 本命 命宮 申
武曲 辰			太陰 酉
天同 卯			貪狼 戌
七殺 寅	天梁 丑	廉貞 天相 子	巨門 亥

流年命宮在卯的位置，紫微天府因為在寅或是在申，所以如果紫微天府在命宮的人，剛好會是在流年的兄弟宮或僕役宮（圖二十六），並且對宮是七殺。紫微天府是一個重視面子與尊貴地位，也同樣重視裡子的星曜組合，放在流年兄弟宮或僕役宮，表示這一年會希望與兄弟姊妹、朋友之間的往來能得到一定程度的尊重。而且不會希望自己只交到酒肉朋友，因為貪狼化忌會剛好在福德宮或財帛宮，而對宮則是武曲星，代表對於自己的財務跟精神滿足會充滿了慾望與期待，但是因為對宮有務實的武曲星，所以會是務實地去追求跟完成這個慾望，自然不希望朋友的往來對自己沒有幫助。而破軍化祿剛好在流年的子女或田宅宮，對宮是廉貞天相，務實地追求財富會讓這個組合的人在 2023 年可以有不錯的財務進帳。2023 年大家的財帛宮都有陀羅星，前面幾組需要注意亂花錢的問題，但是這個組合卻因為自己的人際網絡經營跟內心靈魂的把持，讓自己在財務上即使有些狀況也不會是太大的破財，甚至有不錯的財務收穫，這也可能是買了東西給自己，甚至是有機會可以買房子。不過如果在子女宮或田宅宮裡的廉貞天相，遇到原本本命盤上就有的擎羊星（圖二十七 例如這個人是丙、戊、壬年生），那就需要注意買房子、裝修房子，或是與人合夥會有法律上的糾紛。除此之外，這個組合算是 2023 年運勢大致上還不錯的組合，會穩定務實地追求自己的心靈期盼與財務豐富。

圖二十七／丙、戊、壬年出生的人

巨門 巳	廉貞 天相 丙年擎羊 戊年擎羊 午	天梁 未	七殺 申
貪狼 辰			天同 酉
太陰 卯			武曲 戌
紫微 天府 本命命宮 寅	天機 丑	破軍 壬年擎羊 子	太陽 亥

太陽 巳	破軍 丙年擎羊 戊年擎羊 午	天機 未	紫微 天府 本命命宮 申
武曲 辰			太陰 酉
天同 卯			貪狼 戌
七殺 寅	天梁 丑	廉貞 天相 壬年擎羊 子	巨門 亥

紫微天相在本命命宮

這是另一個放飛自我的組合，本命命宮紫微天相，對宮會是破軍（圖二十八），這剛好是流年的父母宮跟疾厄宮。撇開身體疾病的問題不說（身體的疾病需要用另一個相對複雜的系統去論定），單純就自己身體的使用角度來看，因為破軍化祿的影響，這一年會去追求許多自己身體上的享受跟自己對身體的期待。例如覺得應該要做醫美整型一下，或希望去旅遊感受身心靈的富足，吃各種美食滿足自己被大家羨慕的眼光。紫微期盼受人注目跟崇拜的特質，搭配天相的人生規範計畫，讓對宮的破軍化祿得到了充分的發揮，而貪狼化忌會剛好在本命的夫妻宮或官祿宮以及流年的兄弟宮或僕役宮，表示這一年貪狼的欲望會發揮於希望從朋友關係中得到更多的異性緣分，而且自己願意身體力行地去做很多事情，探索世界，當然就會為自己帶來許多交友上的異性緣分，甚至可以說這是一個只要流年夫妻宮、子女宮有煞星就可能有快速戀情或一夜情機會的組合。但是，要注意天相本身是否有化忌（庚年生）或是武曲跟貪狼是否原本本命盤有化忌，否則都表示今年太放飛自我，容易自己招來一些桃色糾紛問題，也會有破財的機會。

圖二十八／紫微天相在本命命宮

天梁 巳	七殺 午	未	廉貞 申
紫微 天相 本命 命宮 辰			酉
天機 巨門 卯			破軍 戌
貪狼 寅	太陽 太陰 丑	武曲 天府 子	天同 亥

天同 巳	武曲 天府 午	太陽 太陰 未	貪狼 申
破軍 辰			天機 巨門 酉
卯			紫微 天相 本命 命宮 戌
廉貞 寅	丑	七殺 子	天梁 亥

紫微在本命命宮，對宮貪狼

紫微在本命命宮剛好會是流年的子女宮或田宅宮，對宮則是貪狼星（圖二十九）。2023 年的流年四化是貪狼化忌，所以這是一個對於家人、吃喝玩樂，甚至存款買房有慾望的一年。福德宮或財帛宮剛好是破軍化祿，並且對面是武曲星，流年財帛宮有陀羅，而流年財帛宮剛好會是本命的兄弟或僕役宮，這表示這是一個需要注意跟朋友之間的財務往來與合夥關係的一年，往往會因為自己的各類期待，造成與人有財務問題。若是要買房子需要注意法律的問題，也要盡量避免合夥投資跟創業，若是聽朋友意見想投資股票也是避免為宜。最後只剩下自己吃喝玩樂這件事情了，跟朋友家人吃喝玩樂出不了什麼大問題，所以這一年就把錢花在與朋友的玩樂享受上面吧。因為子女宮和田宅宮也表示自己與家人、親子的關係，所以多跟家人、親子出去玩，會增加彼此的感情，若是希望懷孕的女生，這是一個很好的機會。

圖二十九／紫微在本命命宮，對宮貪狼

2. 天府星

天府在本命命宮，對宮武曲七殺

這個組合的流年命宮正好是本命的命宮或遷移宮（圖三十），前面提到武曲七殺是個務實跟努力的組合，在流年跟本命疊併的情況下，最大的風險是這一年很容易固執己見，尤其是如果本命的武曲有化忌，那麼剛好流年官祿宮會有紫微化權，表示這是想要有大發展的一年，或者跟擎羊同宮時也有這樣的情況。搭配今年流年的陀羅星在財帛宮，這是需要好好注意財務的一年，絕大多數的人理財需要謹慎小心。因為這個組合的貪狼化忌會跟廉貞放在一起，並且對宮是空宮在福德宮或財帛宮，表示2023年會希望自己可以增加更多賺錢機會跟方法。因為跟廉貞星放在一起，貪狼的慾望促使廉貞在交友上可能比較不挑、不選擇，在賺錢方式上也願意突破以往的想法跟觀念，但也可能是希望抄捷徑，如果本身具備天相化忌，就需要注意這一年可能會因為朋友的相約或自己想做點不同的突破，而在工作上惹出法律跟人際問題，因為剛好在官祿宮或夫妻宮有個流年擎羊。當然如果是有感情問題，這也會是感情破滅的一年，或容易出現不倫戀的一年。

圖三十／天府在本命命宮，對宮武曲七殺

天府在本命命宮，對宮紫微七殺

以2023年來說，這個組合剛好會是流年的福德宮或財帛宮（圖三十一）。前文提到紫微七殺在命宮會有希望掌握人生的個性，而且紫微重視被看見、被崇拜，對宮的天府雖然具備一樣的特質，卻偏向務實地完成自己的目標，至於別人在不在乎，那不重要，即使對宮的紫微七殺會表現出一副很在乎別人看法的樣子。因此，除非這個組合剛好流年命宮是在本命財帛宮上，否則並不會有創業的念頭，若是在本命的福德宮，則會希望自己能夠有更多的收入機會。這個組合的流年命宮會是廉貞破軍或天相，因為廉貞破軍並且破軍化祿在命宮，而武曲貪狼並且貪狼化忌在官祿宮，所以在工作上可以有更多的發展，因此重視人際關係的往來會是這一年的重點。不過也因此需要注意在人際關係上是否有財務問題以及桃色糾紛，畢竟此時有個流年的擎羊星在流年夫妻宮內，對沖官祿宮。

圖三十一／天府在本命命宮，對宮紫微七殺

紫微 七殺 巳	午	未	申
天機 天梁 辰			廉貞 破軍 酉
天相 卯			戌
巨門 太陽 寅	武曲 貪狼 丑	太陰 天同 子	天府 本命命宮 亥

天府 本命命宮 巳	太陰 天同 午	武曲 貪狼 未	巨門 太陽 申
辰			天相 酉
廉貞 破軍 卯			天機 天梁 戌
寅	丑	子	紫微 七殺 亥

天府在本命命宮，對宮廉貞七殺

這是天府做為本命命宮時最穩定跟冷靜的一組（圖三十二），既不會愛面子也不會過於執著，同時最懂得應用人際關係以及整體資源。這個盤對應流年2023年，剛好是紫微貪狼在流年命宮、本命福德宮，而且貪狼化忌，對宮是空宮，可以把貪狼化忌借到對宮去。流年財帛宮或福德宮破軍化祿，這是一個為了滿足內心慾望而會隨意花錢的一年，因為祿隨忌走，所以會去用金錢的投資與消費來滿足自己。但是因為本命是天府星，所以除非本身本命盤的紫微貪狼有跟擎羊同宮，或是本命命宮或遷移宮的廉貞星有化忌，否則即使遇到流年的財帛宮有陀羅星，也不需要太過擔心會亂花錢，只是難免有一時衝動亂買東西的情況。不過，這個組合還是需要注意2023年不能與人合作投資或跟朋友金錢往來，否則破財甚至惹上財務糾紛一樣是免不了的。

圖三十二／天府在本命命宮，對宮廉貞七殺

3. 天機星

天機巨門在本命命宮

這個組合的人，因為天生聰明、有自己的想法，又懂得享受獨處跟自我世界的經營，往往較能夠安靜面對外界的紛擾。在這個組合裡面，流年命宮剛好會是本命命宮或遷移宮（圖三十三），並且因為對宮是空宮，所以情況應該會是相近的，除非本命盤的空宮內有擎羊或文昌、文曲，若有，則要注意 2023 年會有比較多的心理跟情緒問題需要調適。貪狼化忌會剛好在流年兄弟宮或僕役宮，而破軍化祿在流年父疾線，表示這是會需要為朋友或家人勞心勞力的一年。如果沒有遇到煞星或文昌、文曲在空宮內，這一年則應該跟朋友家人相處愉快並且可以拓展人脈。但是如果有煞星或文昌、文曲，就需要注意人際問題，可能往來的朋友讓你覺得白白地付出，更別說造成金錢的損失。

圖三十三／天機巨門在本命命宮

天梁 巳	七殺 午	未	廉貞 申
紫微天相 辰			酉
天機巨門 本命命宮 卯			破軍 戌
貪狼 寅	太陽太陰 丑	武曲天府 子	天同 亥

天同 巳	武曲天府 午	太陽太陰 未	貪狼 申
破軍 辰			天機巨門 本命命宮 酉
卯			紫微天相 戌
廉貞 寅	丑	七殺 子	天梁 亥

天機在本命命宮，對宮巨門

相對於自得其樂的天機巨門同宮，這個組合是算是一個把聰明擺在臉上，要求凡事符合邏輯的命盤（圖三十四）。2023年的流年命宮或遷移宮是天府，在本命的田宅宮或是子女宮上，而流年的田宅宮或子女宮是巨門，並且具備了流年祿存，這表示如果有能力，這一年會有機會買房子。這是個懂得盤算跟計劃的人，相對於其他人因為財帛宮有陀羅星需要注意財務，這個組合卻懂得把錢存起來，所以即使不買房子也會是一個很好儲備資源跟資產的一年，當然因為子女宮也屬於吃喝玩樂跟收藏物品，因此也可能是以不同的形式來存「錢」。夫妻宮或官祿宮的破軍化祿，搭配財帛宮的貪狼化忌，這需要注意這一年在工作上會有利用異性關係幫助自己，卻惹來麻煩的問題。

圖三十四／天機在本命命宮，對宮巨門

天機太陰在本命命宮

這是一個心思細膩到有時候會鑽牛角尖的組合（圖三十五），尤其當命宮內的天機或太陰有化忌，或有文昌、文曲的時候。這個組合對宮是空宮，同樣不喜遇到文昌或文曲。這個組合在2023年因為剛好是流年的的兄弟宮或僕役宮，因此容易跟朋友家人之間會有情緒上的問題，而2023年的流年命宮是紫微貪狼，貪狼化忌會在這一年有許多內心慾望希望被滿足，並且因為財福線是破軍化祿，祿會去補化忌的位置，所以都拿來滿足自己，如果天機太陰沒有前面說到的問題，則這一年會因為滿足自己慾望的同時，讓好朋友也雨露均霑，若是有剛剛說的問題，則容易跟親人朋友有許多情緒心情上的糾葛。當然因為陀羅在財帛宮又遇到天相星，所以也需要避免跟朋友有金錢往來。

圖三十五／天機太陰在本命命宮

天相 巳	天梁 午	廉貞 七殺 未	申
巨門 辰			酉
紫微 貪狼 卯			天同 戌
天機 太陰 本命 命宮 寅	天府 丑	太陽 子	武曲 破軍 亥

武曲 破軍 巳	太陽 午	天府 未	天機 太陰 本命 命宮 申
天同 辰			紫微 貪狼 酉
卯			巨門 戌
寅	廉貞 七殺 丑	天梁 子	天相 亥

天機在本命命宮，對宮太陰

這個組合的本命命宮剛好是流年的財帛宮或福德宮（圖三十六），天機或太陰會遇到流年陀羅星，無論是哪一顆星遇到，都表示今年要相當注意不要做財務投資，各類理財工具尤其是短期性質的通常都會出問題，這是因為天機無論同宮或在對宮遇到陀羅星都會使思考邏輯混亂，自以為沒問題的投資可能是誤判。這個命盤2023年的流年命宮是太陽天梁，好人與照顧人的星曜都在這一年出現，加上流年兄弟宮或僕役宮有破軍化祿，搭配流年的子女宮或田宅宮有貪狼化忌，需要注意跟朋友有太多的花用而影響今年的財務（貪狼化忌在流年子女宮），或者家人以及裝潢布置家裡有太多金錢消費（貪狼化忌在流年田宅宮）。同時也需要注意這一年會有外出容易破財跟旅行上小小的意外傷害，畢竟這個貪狼化忌放在本命的父疾線上面。

圖三十六／天機在本命命宮，對宮太陰

天機天梁在本命命宮

2023年的流年命宮剛好在這張盤的本命兄弟宮或僕役宮（圖三十七），流年命宮是天相或廉貞破軍，破軍化祿。這是跟家人朋友關係不錯的一年，並且會希望可以從親友關係之間找到自己的事業機會與桃花機會（也很有機會找到），這是因為流年的夫妻宮或官祿宮剛好是貪狼化忌，會用自己的生命豐富這一年的親友關係，然後尋求工作與愛情的機會（把流年命宮的化祿去補流年夫妻宮的貪狼化忌），但是需要注意反而有機會破壞與朋友家人之間的關係，以及因此跟朋友有金錢糾紛。

另外天機天梁如果遇到擎羊跟陀羅在疾厄宮，需要注意身體有受傷的問題，如果原本就有擎羊和陀羅，那麼這一年出門旅遊都要多加注意，有宗教信仰者，建議出門前去求神明保佑。

圖三十七／天機天梁在本命命宮

紫微 七殺 巳	午	未	申
天機 天梁 本命 命宮 辰			廉貞 破軍 酉
天相 卯			戌
巨門 太陽 寅	武曲 貪狼 丑	太陰 天同 子	天府 亥

天府 巳	太陰 天同 午	武曲 貪狼 未	巨門 太陽 申
辰			天相 酉
廉貞 破軍 卯			天機 天梁 本命 命宮 戌
寅	丑	子	紫微 七殺 亥

天機在本命命宮，對宮天梁

這個組合因為本命命宮剛好是流年的夫妻宮或官祿宮（圖三十八），並且宮位內有個流年的擎羊星，而天機天梁在命宮的特質是因為聰明博學而不願意人生一成不變，也永遠在追求更好的生活方式跟心靈的成長，所以這一年需要注意因為自己的個性衝動而想換掉工作或身邊的人，當然也可能因此衝動地跟一個人在一起。因為這個組合的破軍化祿會在流年子女宮或田宅宮，貪狼化忌會在流年父母宮或疾厄宮，所以對於買房、生小孩、成家這一類的相關事務會比較積極追求，但需要注意這一年不要做太過於投機的投資。

圖三十八／天機在本命命宮，對宮天梁

4. 天梁星

天梁在本命命宮，對宮太陽

天梁星在命宮的人通常具備有老天庇佑的特質，這個組合更是覺得自己應該要跟老天一樣，照顧身邊的人（圖三十九）。在流年2023年，本命的命宮會在流年的子女宮或田宅宮，也會遇到流年的祿存星，算是家人關係、買房以及各類穩定儲蓄，都不錯的一年。這個組合的流年命宮會是紫微貪狼或空宮，表示這是一個對自己內心有著各種欲望追求的一年。貪狼星本身具備各種欲望的特質，加上本命是天梁，本身亦具備的宗教與心靈意涵，所以相對於前面的各組貪狼化忌可能追求愛情或金錢，這個組合更加是追求心靈的成長跟宗教的撫慰，但是因為流年的財帛宮或福德宮會遇到天相星，所以一樣需要注意與朋友之間的財務往來。

圖三十九／天梁在本命命宮，對宮太陽

天相 巳	天梁 本命命宮 午	廉貞 七殺 未	申
巨門 辰			酉
紫微 貪狼 卯			天同 戌
天機 太陰 寅	天府 丑	太陽 子	武曲 破軍 亥

武曲 破軍 巳	太陽 午	天府 未	天機 太陰 申
天同 辰			紫微 貪狼 酉
卯			巨門 戌
寅	廉貞 七殺 丑	天梁 本命命宮 子	天相 亥

天梁在本命命宮，對宮天機

相對於命宮天機、對宮天梁的組合較追求人生的改變，天梁在命宮、天機在對宮的組合（圖四十）則更加重視自己的人生是否可以用最簡單的方式解決問題以及有不同的心靈追求，所以雖然擎羊星在流年夫妻宮，這個組合或許也會考慮重新選擇自己的感情，但是卻會有更多的對原本感情或工作的提升跟期待，不會一開始就選擇用汰換的方式來讓自己的人生不同（當然如果實在無法改變也是會換）。因為貪狼化忌跟破軍化祿各自在流年父母宮、疾厄宮以及子女宮、田宅宮，所以利用跟家人相處、旅遊玩樂來彌補自己內心的空缺，讓這個組合相對穩定，把錢花在工作跟家人身上也不算是破財。

圖四十／天梁在本命命宮，對宮天機

巨門 巳	廉貞天相 午	天梁 本命命宮 未	七殺 申
貪狼 辰			天同 酉
太陰 卯			武曲 戌
紫微天府 寅	天機 丑	破軍 子	太陽 亥

太陽 巳	破軍 午	天機 未	紫微天府 申
武曲 辰			太陰 酉
天同 卯			貪狼 戌
七殺 寅	天梁 本命命宮 丑	廉貞天相 子	巨門 亥

天梁在本命命宮，對宮天同

在大家流年財帛宮都遇到陀羅而需要注意財務問題的這一年，這個組合是最安全、最不用擔心的其中一組（圖四十一）。因為本命命宮的天梁星剛好在流年的財帛宮或福德宮，除非遇到原本本命就有陀羅星，否則只是流年的陀羅星對於天梁好運或天同看得開的特質來說，都算是殺傷力不大，至少心情上的調適會容易很多。貪狼化忌在流年兄弟宮或僕役宮，破軍化祿在流年父母宮或疾厄宮，所以會身體力行地滿足對家人關係的期待與對家的想望，是容易為親友付出的一年。雖然因為貪狼化忌，但交友狀況由過往的積極拓展轉為保守，以既有的交友圈或人際往來關係為主。

圖四十一／天梁在本命命宮，對宮天同

天梁 本命命宮 巳	七殺 午	未	廉貞 申
紫微 天相 辰			酉
天機 巨門 卯			破軍 戌
貪狼 寅	太陽 太陰 丑	武曲 天府 子	天同 亥

天同 巳	武曲 天府 午	太陽 太陰 未	貪狼 申
破軍 辰			天機 巨門 酉
卯			紫微 天相 戌
廉貞 寅	丑	七殺 子	天梁 本命命宮 亥

5. 巨門星

巨門在本命命宮，對宮天機

這個組合2023年的流年命宮是武曲七殺或天府，同時會是本命的子女宮跟田宅宮，而本命命宮剛好會是流年的子女跟田宅宮（圖四十二）。要注意如果武曲七殺有擎羊同宮或武曲化忌，那麼這是一個準備跟合夥人翻臉、破財，甚至打官司的一年。如果沒有跟人合夥做生意，也需要注意與家人的糾紛跟破財的跡象，因為流年財帛宮廉貞貪狼而貪狼化忌，又剛好是本命的兄弟宮或僕役宮。流年夫妻宮或官祿宮破軍化祿，對宮有天相又會遇到流年擎羊，又剛好是本命父母宮、疾厄宮，表示容易產生跟人生意往來而發生財務問題的一年。感情上需要注意會有變動的機會，尤其是已婚者，因為破軍的祿會讓這一年希望有更多的工作資源可以拓展賺錢的機會，因此多方接觸各類的人時，往往也就因為不挑朋友而引來麻煩。還好有巨門跟祿存在田宅宮，建議如果 2023 年沒有什麼投資目標的話可以買房子，把錢花在定期存款或房子上面，讓自己不會胡思亂想。

圖四十二／巨門在本命命宮，對宮天機

巳	天機 午	紫微 破軍 未	申
太陽 辰			天府 酉
武曲 七殺 卯			太陰 戌
天同 天梁 寅	天相 丑	巨門 本命命宮 子	廉貞 貪狼 亥

廉貞 貪狼 巳	巨門 本命命宮 午	天相 未	天同 天梁 申
太陰 辰			武曲 七殺 酉
天府 卯			太陽 戌
寅	紫微 破軍 丑	天機 子	亥

巨門在本命命宮，對宮天同

本命命宮巨門對宮天同（圖四十三）在2023年流年的命宮會落在本命的兄弟宮或僕役宮，宮內是紫微貪狼而貪狼化忌，或者為空宮，對宮是紫微貪狼，流年財帛宮或福德宮破軍化祿。如同前面的紫微貪狼組合一樣，用金錢消費跟追求精神靈魂的滿足來彌補內心的慾望，雖然同樣要注意因為流年財帛宮的陀羅星，有跟朋友之間的財務問題，但是因為命宮巨門對宮天同，所以比較不容易因此跟親友之間起衝突，總是希望可以把事情好好地處理，即使自己內心有小小不開心。而本命的巨門或天同會坐落在流年的疾厄宮，表示這一年要注意太多吃喝玩樂跟飲食問題產生的身體健康問題，尤其是過了四十歲以後，也需要注意支氣管方面的疾病。

圖四十三／巨門在本命命宮，對宮天同

天相 巳	天梁 午	廉貞七殺 未	申
巨門 本命命宮 辰			酉
紫微貪狼 卯			天同 戌
天機太陰 寅	天府 丑	太陽 子	武曲破軍 亥

武曲破軍 巳	太陽 午	天府 未	天機太陰 申
天同 辰			紫微貪狼 酉
卯			巨門 本命命宮 戌
寅	廉貞七殺 丑	天梁 子	天相 亥

巨門在本命命宮，對宮太陽

2023年流年命宮會在這個組合的本命官祿宮或夫妻宮（圖四十四），流年命宮如果是本命夫妻宮，裡面是太陰星，這是一個感情運勢不錯的一年，而流年夫妻宮又是天機星，這是一個單身男女很好找到機會的一年。如果本命的官祿宮裡面是天同星，則需要注意在工作上可能有比較懶散跟安逸的想法，如果本身感情穩定，這時候要注意別受身邊桃花影響，如果工作穩定則安逸也無妨。因為流年的財帛宮是巨門或太陽，遇上陀羅星，表示自己一方面覺得自己的心靈有空虛，或希望在錢財上有更多獲取，所以除了感情是一項考驗，希望追求更舒服、獲利更高的工作也是一個課題，但是不建議換工作。

圖四十四／巨門在本命命宮，對宮太陽

巨門 本命命宮 巳	廉貞 天相 午	天梁 未	七殺 申
貪狼 辰			天同 酉
太陰 卯			武曲 戌
紫微 天府 寅	天機 丑	破軍 子	太陽 亥

太陽 巳	破軍 午	天機 未	紫微 天府 申
武曲 辰			太陰 酉
天同 卯			貪狼 戌
七殺 寅	天梁 丑	廉貞 天相 子	巨門 本命命宮 亥

巨門太陽在本命命宮

這個組合的人在 2023 年剛好會是本命命宮跟流年兄弟宮或僕役宮疊併在一起（圖四十五），所以對於親友的關心以及希望得到來自親友的關愛會在這一年影響著這個人。流年命宮為天相或廉貞破軍，剛好是本命的疾厄宮或父母宮，因為破軍化祿，如果本身家族有腫瘤疾病的人需要在這一年多注意自己是否有可能因為遺傳而產生腫瘤問題，尤其是庚年生天相化忌的人，女生尤其要注意是否有子宮方面的肌瘤、腫瘤問題。因為代表身體的流年父母宮和疾厄宮是天機天梁，丙、戊、壬年生的人還會剛好遇到陀羅星，所以容易產生心靈上的煩悶，希望得到紓解，以及注意工作上可能會出現職業災害跟出門會有小意外。還好有天梁星，所以這個組合多去廟裡拜拜會有解決效果。另外，因為貪狼化忌在流年夫妻宮或官祿宮，所以這也是桃花滿滿的一年，再補上一個流年的擎羊，閃婚、閃戀、閃離、閃分都是今年的餘興節目。

圖四十五／巨門太陽在本命命宮

紫微 七殺 巳	午	未	申
天機 天梁 辰			廉貞 破軍 酉
天相 卯			戌
巨門 太陽 本命 命宮 寅	武曲 貪狼 丑	太陰 天同 子	天府 亥

天府 巳	太陰 天同 午	武曲 貪狼 未	巨門 太陽 本命 命宮 申
辰			天相 酉
廉貞 破軍 卯			天機 天梁 戌
寅	丑	子	紫微 七殺 亥

6. 太陽星

太陽天梁在本命命宮

本命太陽天梁剛好會在 2023 年的流年命宮或遷移宮（圖四十六），所以這是一個希望實現自我價值的一年。太陽天梁的自我價值在於希望能夠照顧身邊的人，加上這一年的僕役宮、兄弟宮有破軍化祿，並且貪狼化忌在子女宮或田宅宮，這表示這一年會重視自己是否能夠照顧、幫助別人，或者至少能展現出這個樣子。當然這時候就需要注意，如果在空宮的地方出現了文昌、文曲或擎羊，就會變成覺得這一年好像事情都不能依照自己的想法完成，不過如果是文昌在空宮或同宮，而太陽或天梁本身有化祿，那麼這是一個自己努力會有所成就的一年，尤其是工作跟生活。

圖四十六／太陽天梁在本命命宮

只是財務方面可能就無法有太多期待。

太陽在本命命宮，對宮天梁

這個組合的重點是要看太陽在哪個位置，太陽在午的人會希望自己成為眾人所仰望佩服的人（圖四十七），當然就會因此常常不顧一切地幫助照顧別人；如果太陽在子，表示雖然期待眾人仰望，但是沒有也沒關係。這個本命的太陽在2023年的流年子女宮或田宅宮，表示這是為家人或小孩付出一切的一年，也會因此得到回報，甚至因為流年的祿存在子女宮，如果太陽在午，可能還有機會得到贈與的金錢、保險金或房產。而福德宮或財帛宮有破軍化祿，搭配流年命宮的紫微貪狼，貪狼化忌，表示願意花錢追求精神上的滿足來豐富自己的人生慾望，整體地解釋這個組合，表示：2023年是為了家人跟親子而付出，所以即使是流年財帛宮有陀羅星也不用害怕，反正錢是花在家人身上，甚至因為代表「合夥」的子女宮或田宅宮有祿存，跟人合夥投資的風險會相對小一點。

圖四十七／太陽在本命命宮，對宮天梁

太陽太陰在本命命宮

2023年的流年命宮在這個盤上是天機巨門，是自得其樂的星曜組合，讓本命命宮剛好在流年夫妻宮坐太陽太陰的人（圖四十八），今年會嘗試在感情跟工作上可以有另外一個或同時存在的機會。不過因為有個流年的擎羊，所以需要注意可能會因為腳踏兩條船或身兼兩個職務，反而必須面對選擇，當然如果兩個選擇對你來說都不重要，反而可以兩個都保存下來，無論是感情或者是工作。流年疾厄宮或父母宮破軍化祿，對宮紫微天相，對於自己的行為跟生活態度都希望有所不同，也因為兄弟宮或僕役宮有貪狼化忌，希望可以有更廣的生活圈，並願意認識更多的朋友，因此需要特別注意，無論在感情或工作上，是否可以兩邊顧及，或能夠多頭馬車進行。

圖四十八／太陽太陰在本命命宮

天梁 巳	七殺 午	未	廉貞 申
紫微天相 辰			酉
天機巨門 卯			破軍 戌
貪狼 寅	太陽太陰 本命命宮 丑	武曲天府 子	天同 亥

天同 巳	武曲天府 午	太陽太陰 本命命宮 未	貪狼 申
破軍 辰			天機巨門 酉
卯			紫微天相 戌
廉貞 寅	丑	七殺 子	天梁 亥

太陽在本命命宮，對宮太陰

這是一個需要奔波的2023年，對於這於這張盤的主人來説，因為這張盤的本命命宮剛好是流年的疾厄宮（圖四十九），表示身體的使用是來來往往、日月交替的，呈現出日夜顛倒的狀態。流年的夫妻宮或官祿宮破軍化祿，財帛宮廉貞貪狼而貪狼化忌，流年命宮武曲七殺，代表一無反顧勇往直前的武曲七殺，搭配破軍化祿給予許多工作跟感情的機會與夢想，以及希望因此讓自己對於財帛宮貪狼化忌的金錢獲取與享受慾望得到滿足，那麼當然就願意讓自己奔波勞累了。不過因為天機星在流年子女宮跟田宅宮，尤其是在流年子女宮的人需要注意這是會有機會因為工作而發生車禍的一年，也需要多加注意工作場合容易產生公安意外，其他的組合只要注意自己身體以及應付滿滿的桃花。

圖四十九／太陽在本命命宮，對宮太陰

太陽在本命命宮，對宮巨門

本命命宮是太陽的人往往會燃燒自己照亮別人，在2023年這張命盤照亮的是自己的靈魂，因為本命命宮剛好在流年福德宮或財帛宮（圖五十），如果在流年福德宮，這是一個要為自己內心跟靈魂尋找一個新的出口與滿足的一年，也希望自己有更好的賺錢機會，並擁有財務決定權。如果是在財帛宮，則因為受到流年陀羅的影響，雖然希望有好的機會但是卻往往裹足不前。一個是希望實現自己的靈魂自主並且在財務上得以證明，一個需要在財務上多作打算，卻會兩難躊躇。尤其流年的田宅宮或子女宮剛好是廉貞破軍而破軍化祿，疾厄宮則是貪狼化忌，這需要注意當心靈無法滿足可能會暴飲暴食，建議用旅遊來解決這樣的問題，至少可以增長自己新的視野。

圖五十／太陽在本命命宮，對宮巨門

巨門 巳	廉貞 天相 午	天梁 未	七殺 申
貪狼 辰			天同 酉
太陰 卯			武曲 戌
紫微 天府 寅	天機 丑	破軍 子	太陽 本命命宮 亥

太陽 本命命宮 巳	破軍 午	天機 未	紫微 天府 申
武曲 辰			太陰 酉
天同 卯			貪狼 戌
七殺 寅	天梁 丑	廉貞 天相 子	巨門 亥

7. 太陰星

太陰在本命命宮，對宮天機

2023年大家都要注意流年財帛宮有陀羅星，這個組合剛好因為本命命宮會在流年財帛宮或福德宮（圖五十一），所以個性上的舉棋不定跟希望面面俱到的太陰性格，以及自認為深思熟慮的天機特質，讓這個組合即使不見得缺錢或賠很多錢，在這一年都會有許多財務上的煩惱，尤其是本命命宮太陰化忌或天機化忌的人。加上流年的僕役宮或兄弟宮有破軍化祿，在這一年面對家人朋友總是希望自己大方花錢做人情，去彌補子女宮或田宅宮的貪狼化忌。這樣的組合當然是天生具備而流年來配，不是噴錢給家人朋友，就是工作上容易聽朋友的話去合夥創業導致財務問題，甚至引發親友之間的法律問題，尤其庚年生天相化忌或壬年生武曲化忌的人。其實只要這一年不要亂做投資，把錢花在帶家人出去玩樂，就可以解決這些問題，畢竟流年命宮的太陽天梁，讓他無法不做個好人。

圖五十一／太陰在本命命宮，對宮天機

天機 巳	紫微 午	未	破軍 申
七殺 辰			酉
太陽天梁 卯			廉貞天府 戌
武曲天相 寅	天同巨門 丑	貪狼 子	太陰 本命命宮 亥

太陰 本命命宮 巳	貪狼 午	天同巨門 未	武曲天相 申
廉貞天府 辰			太陽天梁 酉
卯			七殺 戌
破軍 寅	丑	紫微 子	天機 亥

太陰在本命命宮，對宮太陽

這個組合本命命宮的太陰星剛好是在流年疾厄宮或父母宮（圖五十二），所以是容易奔走勞碌的一年。如果是太陰在父母宮，需要注意睡眠跟眼睛疲勞的問題。如果是太陰在疾厄宮，女生要注意有婦科疾病的問題，男生則需要注意因為勞累產生的腎臟跟心臟無力的問題。但是相對於太陽在命宮、對宮是太陰的組合，太陰在命宮的人比較能夠照顧自己，疲勞難免，但疾病的問題是比較少的。畢竟這是一個流年命宮是武曲七殺、財帛宮貪狼化忌帶陀羅，很想努力一番的組合。比較特別的是相較其他的武曲七殺在2023流年命宮的組合，這個組合的人更會希望可以透過跟異性的關係，得到自己內心的期盼和工作上的突破，所以要注意這一年工作上的桃色糾紛會影響自己原有的感情，當然如果命主本身不在乎那是另當別論了。如果是丙年、戊年、壬年生的人，要注意會有旅行跟出差容易有車禍的問題，以及容易跟人有財務糾紛。

圖五十二／太陰在本命命宮，對宮太陽

巳	紫微 午	紫微破軍 未	申
太陽 辰			天府 酉
武曲七殺 卯			太陰 本命命宮 戌
天同天梁 寅	天相 丑	巨門 子	廉貞貪狼 亥

廉貞貪狼 巳	巨門 午	天相 未	天同天梁 申
太陰 本命命宮 辰			武曲七殺 酉
天府 卯			太陽 戌
寅	紫微破軍 丑	紫微 子	亥

◆太陰在本命命宮，對宮天同◆

這個盤剛好會是流年命宮跟本命命宮或遷移宮相疊，宮內則是太陰星（圖五十三）。因為太陰跟天同都是桃花星，這當然是桃花滿滿的一年，所以需要注意的當然是感情問題，太陰在流年命宮，貪狼化忌是在父疾線，破軍化祿在流年田宅宮，所以會吃喝玩樂來滿足自己，旅遊跟到處看房子可能都是不錯的選擇，也有機會可以買房投資，並且跟家人都有不錯的相處。只是如果有另一半，則需要注意另一半跟家人之間的取捨問題。工作上的人緣不錯並且有許多追求者，但是要注意因為感情的機會很多，以及透過交際跟旅遊而產生婚外情。天同在流年命宮，而流年遷移宮是太陰星，則更需要注意感情的問題，因為流年夫妻宮的擎羊星會讓流年命宮的天同增加許多的動力，當然如果我們預先知道、預先防範就會降低許多風險，尤其如果你身邊的另一半是這個組合，要多加注意。

圖五十三／太陰在本命命宮，對宮天同

巨門 巳	廉貞 天相 午	天梁 未	七殺 申
貪狼 辰			天同 酉
太陰 本命命宮 卯			武曲 戌
紫微 天府 寅	天機 丑	破軍 子	太陽 亥

太陽 巳	破軍 午	天機 未	紫微 天府 申
武曲 辰			太陰 本命命宮 酉
天同 卯			貪狼 戌
七殺 寅	天梁 丑	廉貞 天相 子	巨門 亥

太陰天同在本命命宮

這是一個重視家人也重視生活享受的組合，不過需要注意太陰所在的位置。這個組合的本命命宮會剛好在2023年流年的田宅宮或子女宮（圖五十四），如果是子女宮，必然除了生活享受之外，還要搭配看夫妻宮的擎羊星，假如太陰星原本就有化忌出現，又受到夫妻宮內的貪狼星化忌影響，所以在感情方面會有許多的機會，也要面對許多的選擇。不過這裡要談到，在子位的太陰算是明亮的月亮，所以重視承諾跟守護家庭的特質，讓他可以面對外界的誘惑，破軍化祿帶來的人緣跟貪狼化忌帶來的空缺渴求，最後都會因為太陰特質的影響而保持在安全狀態。只是如果太陰化忌或天同化科，就可能會破壞這樣的狀態了。對於單身的人來說，這當然是一個好機會，容易在這個時間找到好伴侶。如果是太陰在流年田宅宮，因為是不明亮的月亮（午位），所以身邊已有穩定伴侶或工作的人，這時候會希望有其他嘗試的機會，更別說如果遇到太陰化忌或天同化科，可能就會有影響現有工作或感情的問題。感情是一種自我選擇，要怎麼選，那是個人的事情，但是工作就需要考慮到流年財帛宮有陀羅的情況，所以如果想要換工作，可能要先考慮金錢問題。

圖五十四／太陰天同在本命命宮

紫微 七殺 巳	午	未	申
天機 天梁 辰			廉貞 破軍 酉
天相 卯			戌
巨門 太陽 寅	武曲 貪狼 丑	太陰 天同 本命 命宮 子	天府 亥

天府 巳	太陰 天同 本命 命宮 午	武曲 貪狼 未	巨門 太陽 申
辰			天相 酉
廉貞 破軍 卯			天機 天梁 戌
寅	丑	子	紫微 七殺 亥

8. 廉貞星

廉貞天府在本命命宮

2023年的流年疾厄宮剛好會在這個組合的本命命宮或遷移宮（圖五十五）。貪狼化忌在流年子女宮跟田宅宮，內心對於家人與親子關係的需求，會讓他在這一年盡可能地多跟家人與親朋好友相處。不過因為子女宮和田宅宮也代表了合夥關係以及財庫，所以在流年財帛宮有陀羅星的情況下，除了把錢花在家人身上無可厚非之外，若是有投資、合夥等需求，則千萬不要，否則往往投資有去無回，還會跟朋友親人有無法解決的糾紛，甚至是官非法律問題。本命的特質會讓自己在這一年相對重視自己的身體健康問題，這樣的態度將讓這張盤的主人專注於照顧自己身體，並且花時間陪伴家人，那麼今年的問題相對其他的組合就會少很多。

圖五十五／廉貞天府在本命命宮

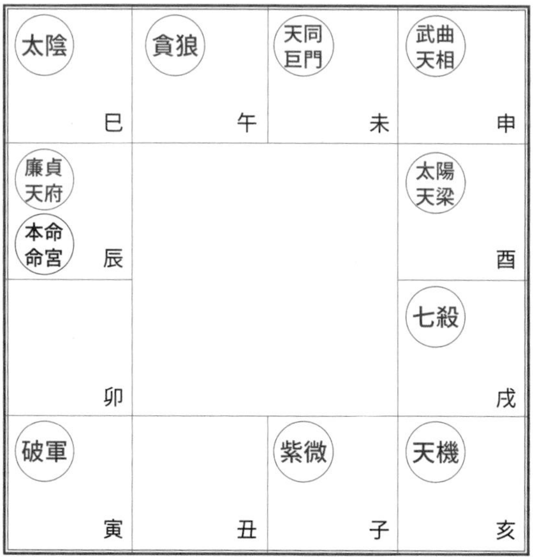

廉貞天相在本命命宮

本命命宮廉貞天相，對宮破軍的人（圖五十六）往往重視自己的人生規範，也同時相信自己會是讓夢想跟實際平衡得很好的人。而2023年破軍化祿，剛好在流年的子女宮或田宅宮，貪狼化忌則在父母宮或疾厄宮，對宮是武曲，這表示會以武曲一步一腳印的特質，要求自己身體力行，完成自己的夢想，這免不了要注意這一年可能的身體勞累造成肝與肺方面的疾病。因為本命命宮剛好是流年子女宮或田宅宮，所以這一年要努力完成的夢想跟所做的追求，大多會跟親子、家人還有房產有關係，重視家人以及希望有良好親子關係，加上若是身邊有錢，也想要購買房產。只是因為廉貞跟天相放在一起，如果是丙年生廉貞化忌，庚年生天相化忌，戊年生有擎羊，引發廉貞天相想做點小壞事的意圖，這都可能引發自己今年為了心之所向跟追求夢想，而出現人際關係與法律上的問題。不過我們通常比較難跟親子之間有法律問題，對於家人，只要願意付出應該沒有大事情，所以問題還是會回歸到因為受到流年財帛宮陀羅的影響，需要注意與人合夥或是購買房子可能遇到的法律糾紛，也要注意可能有車禍的糾紛，尤其是天相如果化忌的時候。

圖五十六／廉貞天相在本命命宮

巨門 巳	廉貞天相 本命命宮 午	天梁 未	七殺 申
貪狼 辰			天同 酉
太陰 卯			武曲 戌
紫微天府 寅	天機 丑	破軍 子	太陽 亥

太陽 巳	破軍 午	天機 未	紫微天府 申
武曲 辰			太陰 酉
天同 卯			貪狼 戌
七殺 寅	天梁 丑	廉貞天相 本命命宮 子	巨門 亥

廉貞七殺在本命命宮

坐落本命命宮的廉貞七殺 2023 年會在流年的官祿宮或夫妻宮上（圖五十七），表示希望掌握一切的廉貞七殺，在這一年會用最快的方法與人際關係，務實聰明地達成自己的目標。這個組合在流年官祿宮或夫妻宮也表示這一年無論是工作或感情都可以有很好的發揮，加上流年夫妻宮有擎羊星，代表在這一年相當地有果決跟魄力可以做出好的選擇。財帛宮或福德宮的破軍化祿，搭配流年命宮的貪狼化忌，表示這一年為了實現自己的目標，可以不怕金錢的損失，所以即使是流年財帛宮有陀羅，也相對地不在乎，只是一樣要注意跟人金錢往來之間會有因為錢財問題造成人際關係出問題。由此可見，雖然紫微貪狼在流年命宮，十二個人之中就會有一張這樣的盤，但是因為本命盤不同，重視的事情就不一樣，因為個性特質不同，發揮的方式也會不一樣。

圖五十七／廉貞七殺在本命命宮

廉貞貪狼在本命命宮

2023年的流年財帛宮有陀羅星，剛好對應到這個組合的本命命宮或遷移宮（圖五十八），本命命宮的桃花星搭配上貪狼化忌，影響疊併在上面的流年財帛宮，這表示自己喜歡交朋友跟廣結善緣的個性，將導致自己在這一年的財務問題，跟人的金錢紛爭通常會與異性相關。加上流年的夫妻宮有擎羊，而流年夫妻或官祿宮不是天相就是紫微破軍，並且破軍化祿，都是為了自己的想法可以不顧一切的態度，所以，已經結婚或身邊有穩定伴侶的人、有穩定的工作和事業的人，在這一年都要注意會因為自己過於計較地想要有更多的機會與發展，反而在今年認識的朋友圈中受到傷害（也可能是原本就認識但今年才熟識）。好處是如果小心翼翼地處理人際關係，這是有機會存到錢甚至是買房子的一年。如果擔心自己無法處理好人際關係，多花時間跟家人相處也是一個好方法，畢竟2023年對這張盤的人來說，太容易有跟人有錢財上的糾紛了。

圖五十八／廉貞貪狼在本命命宮

巳	天機 午	紫微 破軍 未	申
太陽 辰			天府 酉
武曲 七殺 卯			太陰 戌
天同 天梁 寅	天相 丑	巨門 子	廉貞 貪狼 本命 命宮 亥

廉貞 貪狼 本命 命宮 巳	巨門 午	天相 未	天同 天梁 申
太陰 辰			武曲 七殺 酉
天府 卯			太陽 戌
寅	紫微 破軍 丑	天機 子	亥

廉貞破軍在本命命宮

破軍化祿在本命命宮，這是一個希望自己生命豐富的人，廉貞星在前面帶領著破軍星，讓這個組合更知道豐富生命該用智慧跟才能去努力，這樣的心態在2023流年命宮疊到本命命宮時，會得到巨大的發揮（圖五十九）。不過，破軍化祿往往會讓人控制不住，即使有廉貞在前面約束著，仍需要注意。雖然流年財帛宮的紫微七殺或天府都會讓他即使內心理性，但還是會忍不住衝動，想用各種努力去滿足武曲貪狼在官祿宮的貪狼化忌。這個組合會受到內部隱藏的金錢價值所驅動，所以如果是甲年生的人本來就有破軍化權，或是命宮、財帛宮、官祿宮沒有再遇到其他煞星，傷害就可能降低，否則廉貞破軍對宮的天相星，只要遇到一點點的煞星或遇到化忌的月份（庚月），就有可能產生人際上的金錢法律糾紛，又因為破軍跟貪狼都有桃花特質，所以也需要注意桃色糾紛。

圖五十九／廉貞破軍在本命命宮

紫微 七殺 巳	午	未	申
天機 天梁 辰			廉貞 破軍 本命 命宮 酉
天相 卯			戌
巨門 太陽 寅	武曲 貪狼 丑	太陰 天同 子	天府 亥

天府 巳	太陰 天同 午	武曲 貪狼 未	巨門 太陽 申
辰			天相 酉
廉貞 破軍 本命 命宮 卯			天機 天梁 戌
寅	丑	子	紫微 七殺 亥

廉貞在本命命宮，對宮貪狼

這個組合的本命命宮是流年的僕役宮或兄弟宮（圖六十），表示在2023年自己本身的桃花特質會吸引與拓展更多的交友圈。如果是廉貞在兄弟宮，則貪狼化忌在僕役宮，會希望自己可以有更多的交友圈出現，也更加重視自己跟家人親友之間的關係。但是也因此要小心跟有血緣關係親屬之間的財務借貸問題，因為流年財帛宮有陀羅星，加上父母宮疾厄宮的破軍化祿，讓自己在這一年會無法拒絕親人的要求。如果是貪狼化忌在兄弟宮，更加重視跟親人之間的關係，並且覺得親人無法給予自己該有的關心跟支持，化忌沖向對宮廉貞，則讓自己在這一年透過跟朋友的相處填補對家人的空缺心情，不過因為破軍化祿，面對家人的聲聲呼喊，自己一樣是拒絕不了，在這種情況下，財帛宮的陀羅星會發揮更大的作用，讓自己把錢財都花在家人身上。如果是丙年生廉貞化忌或庚年生天相化忌的人，就要注意跟人合夥的財務問題。

圖六十／廉貞在本命命宮，對宮貪狼

天梁 巳	七殺 午	未	廉貞 本命命宮 申
紫微 天相 辰			酉
天機 巨門 卯			破軍 戌
貪狼 寅	太陽 太陰 丑	武曲 天府 子	天同 亥

天同 巳	武曲 天府 午	太陽 太陰 未	貪狼 申
破軍 辰			天機 巨門 酉
卯			紫微 天相 戌
廉貞 本命命宮 寅	丑	七殺 子	天梁 亥

9. 七殺星

七殺在本命命宮，對宮紫微天府

這是一個希望自己在2023年可以拓展交友圈、認識達官貴人，或讓自己在朋友家人心中得到尊重的一年，因為2023年的流年僕役宮剛好是本命命宮或遷移宮（圖六十一）。如果是七殺在流年兄弟宮，因為剛好疾厄宮貪狼化忌，對宮是武曲，所以會為了自己的慾望跟夢想努力工作，但是也需要注意這一年因為流年財帛宮的陀羅，可能努力不見得會有回報。若是本命命宮的七殺星在流年僕役宮，則表示這一年跟朋友之間會因為自己的固執個性而產生一些問題，跟家人之間則會希望自己的付出能得到家人讚賞與支持。不過若流年子女宮、田宅宮受到化忌跟煞星的影響，加上紫微天府面子裡子都要的價值態度，可能跟家人的關係也會受到考驗，不過還好這是一個子女宮有祿存的一年，多帶家人出去吃喝玩樂就可以得到心中的期待了。

這個組合也是在2023年跟人和夥風險相對小的組合。

圖六十一／七殺在本命命宮，對宮紫微天府

巨門 巳	廉貞天相 午	天梁 未	七殺 本命命宮 申
貪狼 辰			天同 酉
太陰 卯			武曲 戌
紫微天府 寅	天機 丑	破軍 子	太陽 亥

太陽 巳	破軍 午	天機 未	紫微天府 申
武曲 辰			太陰 酉
天同 卯			貪狼 戌
七殺 本命命宮 寅	天梁 丑	廉貞天相 子	巨門 亥

七殺在本命命宮，對宮廉貞天府

相對於前面提到廉貞天府在本命命宮的組合，這個七殺在命宮對宮廉貞天府的組合疊併在流年的父母宮上（圖六十二），一方面需要注意 2023 年跟父親之間的關係，也需要注意跟老闆上司之間的往來。貪狼化忌在流年的子女宮或田宅宮，加上破軍在流年兄弟宮或僕役宮，以及夫妻宮有擎羊，表示這一年工作上的桃色糾紛是需要注意的課題。如果已經有家庭，可能會對家庭產生破壞。如果是廉貞天府在父母宮，七殺在疾厄宮，需要注意自己工作努力太過勞累。不過這同時是一個可以為家人或自己存錢買房帶來機會的一年。雖然流年財帛宮有陀羅，但是除非天相化忌或廉貞化忌，否則這個組合的財務影響應該不會太大，反而能夠穩定地經營事業跟家人之間的關係。

圖六十二／七殺在本命命宮，對宮廉貞天府

天機 巳	紫微 午	未	破軍 申
七殺 本命命宮 辰			酉
太陽 天梁 卯			廉貞 天府 戌
武曲 天相 寅	天同 巨門 丑	貪狼 子	太陰 亥

太陰 巳	貪狼 午	天同 巨門 未	武曲 天相 申
廉貞 天府 辰			太陽 天梁 酉
卯			七殺 本命命宮 戌
破軍 寅	丑	紫微 子	天機 亥

七殺在本命命宮，對宮武曲天府

如果有計畫2023年買房子，這是最好的一組，也適合在2023年做房地產的投資。這是因為本命命宮七殺對宮武曲天府，剛好坐落在流年的田宅宮跟子女宮上面（圖六十三），並且2023年的流年祿存也坐落在子女宮，所以能夠精打細算、務實地找到自己需要的房子。如果已經有房子的人，則也會找到適合自己的穩定儲蓄工具，或者是將心力花在家人身上，因為這一年剛好貪狼化忌在流年兄弟宮或僕役宮，而且破軍化祿在父母宮或疾厄宮，表示這是願意為了家人親友努力的一年。如果有買房子的跡象，可能會買在自己較為不熟悉的區域，因為子女宮的左右宮位內剛好有擎羊跟陀羅，所以需要注意新房子的鄰居與生活環境，免得房子買了卻遇到爛鄰居。

圖六十三／七殺在本命命宮，對宮武曲天府

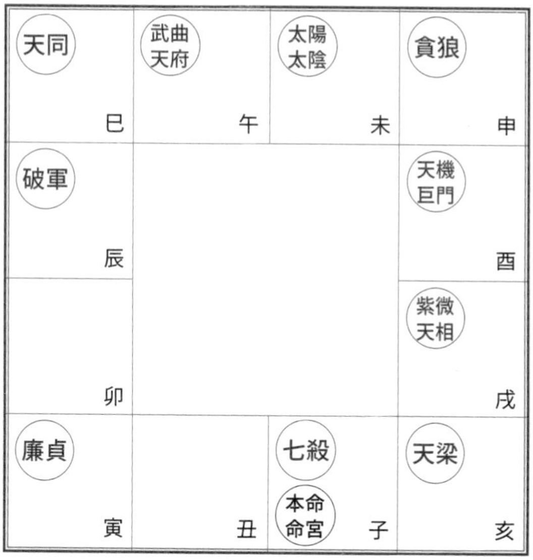

10. 破軍星

破軍在本命命宮，對宮紫微天相

這個組合的本命命宮上疊併了2023年的流年父母宮跟疾厄宮，破軍對宮紫微天相（圖六十四）。這是香港流派重視的造反之局，自己的本命個性要怎麼影響身體造反呢？醫美整形當然是一個選擇，但是改變生活型態、轉換對待自己身體的方式也是一種嘗試，如果流年疾厄宮內本來就有煞星或天相化忌，可能就會選擇整形醫美，或至少重新找個鍛鍊自己的方式。因為流年財帛宮有陀羅，加上父母宮有社會法律的意思，因此也需要注意跟人會有因為感情或是工作產生的財務與法律問題，畢竟這個組合貪狼化忌在流年的兄弟宮僕役宮，而破軍又化祿在父母宮。如果破軍是化祿在疾厄宮，則這個問題會減少很多，頂多就是跟朋友會有太多的交際應酬，但是如果是女性的命盤，這一年要注意會有子宮方面的肌瘤或腫瘤出現，也需要注意交通事故問題。

圖六十四／破軍在本命命宮，對宮紫微天相

破軍在本命命宮，對宮廉貞天相

這也是一個希望可以買房子或至少要能夠多存點錢的組合，因為流年田宅宮剛好是自己的本命命宮或遷移宮（圖六十五）。也因為貪狼化忌在流年父母宮或疾厄宮，會是希望多出去旅遊跟累積家人感情的一年。如果是破軍在流年田宅宮化祿，投資買房在這一年應該會是順利的。在流年財帛宮有陀羅的情況下，除非天相化忌或本身廉貞天相的位置有煞星，不然以買房手段來穩定資產是一個好選擇。如果是破軍在流年子女宮，搭配上流年夫妻宮的擎羊星，就需要注意感情的問題了，用吃喝玩樂甚至是興趣彌補貪狼的慾望空缺，一個操作不佳就會成桃花問題，當然，如果是單身的人這就是一個很好拓展異性緣份的一年，多出去玩樂就可以有許多的異性交往機會，只要廉貞天相本身不化忌，或者不要遇到其他煞星，應該就可以確保平安，否則就會成為桃色糾紛，因此多花一點時間在家人身上或許是一個比較好的解套方式，或者透過找出流月的狀況，讓自己躲掉風險。

圖六十五／破軍在本命命宮，對宮廉貞天相

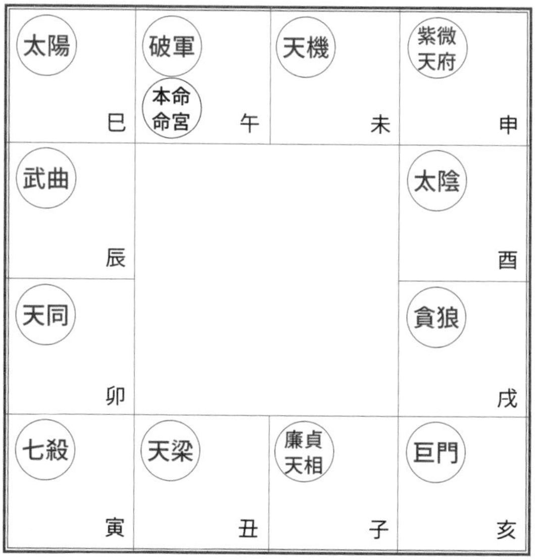

破軍在本命命宮，對宮武曲天相

2023年的流年兄弟宮如果是本命命宮，並且宮位內是破軍化祿，對宮是武曲天相（圖六十六），這一定是一個需要為了家人付出的一年。例如為了跟親友有良好的關係，讓自己付出金錢跟生活以滿足自己對於家庭的期待，或至少是利用旅遊來建立自己跟親朋好友的感情。以上都算是適度的範圍，只是要考慮流年的財帛宮有陀羅，加上對宮的武曲天相只要其中有一顆星曜原本就化忌，這就會出現跟家人有財務問題的麻煩。當然如果是要創業合夥，也需要注意跟合夥人的問題，原本看來親如兄弟的人很可能會不懂得珍惜你對他的好。如果是破軍化祿在流年的僕役宮，會重視跟朋友的往來，再搭配這一年的陀羅星，剛剛好就呈現出整年度最重要的課題——跟朋友的財務糾紛，並且造成破財。自己心裡希望可以透過更多的人脈來解決卻往往不見得收效，這時候請回頭看看破軍星在流年兄弟宮或僕役宮，其實將心血與金錢花在自己親人身上可能還好一點，真要花在朋友身上也盡量保持在吃喝玩樂就好了吧。

圖六十六／破軍在本命命宮，對宮武曲天相

11. 貪狼星

貪狼在本命命宮，對宮紫微

每年化忌的所在位置往往是這一年的功課，尤其還是貪狼化忌，慾望讓我們更加覺得空缺。這個組合是本命命宮在流年的子女宮或田宅宮（圖六十七），如果是貪狼化忌在流年的子女宮，搭配流年夫妻宮的擎羊星以及財帛宮的陀羅星，加上流年僕役宮那個為了朋友可以不管理財、吃喝玩樂只為希望拓展人脈甚至是異性人脈的組合下，用朋友來彌補自己的子女宮的慾望空缺，這是最需要注意桃色問題的組合。如果本身貪狼星還跟擎羊星放在一起（壬年生），就是妥妥的會因為跟異性朋友之間的財務往來產生了流年的煩惱。如果田宅宮為貪狼化忌，這個情況會稍微降低，畢竟這就有可能是跟家人有關係了，但是需要注意因為家人關係影響自己跟另一半的相處和工作上的問題。不可否認地，這個組合也可能會有合夥問題，所以非常不建議在這一年做生意投資或與人合夥。

圖六十七／貪狼在本命命宮，對宮紫微

貪狼在本命命宮，對宮廉貞

這一組如同廉貞在本命命宮對宮貪狼的組合，在 2023 有幾乎雷同的問題（圖六十八），唯一的差異在於一個是希望自己當好人（貪狼化忌在遷移宮），一個是骨子裡無法拒絕別人，因為慾望的空缺直接坐落在自己命宮裡面，無由來地就是希望可以達到自己的慾望目標。貪狼化忌在流年兄弟宮，這會是為家人兄弟或母親付出心力的一年，如果是在僕役宮，則是為了朋友有諸多付出。說實在的，付出沒什麼大關係，但是這一年的付出往往卻得不到成果，甚至還換來許多的抱怨，因此建議這個組合的人在 2023 年把自己的生活過好最重要，降低跟家人朋友的往來，尤其是可能跟你會有金錢往來的人，或者會用情感勒索的人。只要流年過去，這些情況就會降低，否則自己的感情與工作都會受到這些事情的影響。

圖六十八／貪狼在本命命宮，對宮廉貞

貪狼在本命命宮，對宮武曲

在2023年流年父母宮或疾厄宮的貪狼星化忌（圖六十九），表示會為了滿足自己的心之所向而願意努力，並且無論是付出體力或時間，在2023年只要有他覺得可以賺錢的事，他就願意付出。流年在父母宮貪狼化忌，破軍在子女宮並且有祿存，搭配上夫妻宮的擎羊，這當然是桃花滿滿的一年，如果身邊的另一半是這張盤應該這一年會風情萬種。這也是適合吃喝旅遊的一年，當然也會有買房的慾望並且是在遠離原本生活地方置產。而相對更可能置產的應該是貪狼在疾厄宮的那個組合，因為破軍化祿會在田宅宮，表示為了家、家庭生活、想要一個新的家的想法，會讓他不斷地努力奮鬥。有著如此明確的目標，這時候財帛宮的陀羅星其實對他的影響就不大了，流年陀羅往往會是我們在這一年要解決的問題，但是如果人生已經有了目標，那麼問題就會比較容易得到解決，或是問題就容易被視而不見。

圖六十九／貪狼在本命命宮，對宮武曲

巨門 巳	廉貞 天相 午	天梁 未	七殺 申
貪狼 本命命宮 辰			天同 酉
太陰 卯			武曲 戌
紫微 天府 寅	天機 丑	破軍 子	太陽 亥

太陽 巳	破軍 午	天機 未	紫微 天府 申
武曲 辰			太陰 酉
天同 卯			貪狼 本命命宮 戌
七殺 寅	天梁 丑	廉貞 天相 子	巨門 亥

12. 武曲星

武曲在本命命宮，對宮貪狼

在2023流年財帛宮有陀羅的情況下，這一系列武曲在命宮的組合都需要注意武曲是否本身已經有化忌，如果有，那麼這一年的財務情況就有各種令人擔心的狀況會出現，端看出現在哪個宮位上面。不過還好這個組合的武曲會在流年的父母宮或疾厄宮（圖七十）。在父母宮只需要注意會為了家人跟吃喝玩樂太過於操勞身體，也有出外旅遊會花錢與旅遊時容易生病的問題，不過錢至少是花在自己喜歡的地方。如果是武曲在疾厄宮則要注意，因為貪狼化忌在父母宮沖疾厄宮，有遺傳方面的疾病可能在這一年容易發生出來，例如家族有肝的問題，這一年可能要注意肝的相關疾病，肺的問題也會，女性則要注意婦科問題。

圖七十／武曲在本命命宮，對宮貪狼

巨門 巳	廉貞 天相 午	天梁 未	七殺 申
貪狼 辰			天同 酉
太陰 卯			武曲 本命命宮 戌
紫微 天府 寅	天機 丑	破軍 子	太陽 亥

太陽 巳	破軍 午	天機 未	紫微 天府 申
武曲 本命命宮 辰			太陰 酉
天同 卯			貪狼 戌
七殺 寅	天梁 丑	廉貞 天相 子	巨門 亥

武曲天府在本命命宮

本命命宮武曲天府在 2023 年正好是流年田宅宮或子女宮（圖七十一）。這一組只要沒有武曲化忌，反而是相對不怕流年財帛宮有陀羅的一組，因為務實、穩定的理財觀念讓他能夠安然度過外界環境給予的財務風險（流年陀羅星），並且堅守自己的立場，不容易受到外界影響。武曲和天府都可以被視為財星，所以這個組合常被認為很會賺錢，其實不然。這是相對保守的組合，真要賺錢也是放在財帛宮，放在田宅宮更是會把錢都花家裡，然後好好守著。雖然貪狼化忌在遷移宮，但不用擔心會像前述那些貪狼化忌在遷移宮的組合，為了獲取更多人際關係而為朋友奔波。如果是武曲天府在子女宮，這樣的特質就會更加明顯，差別在於這是連對家人都會相對保守的組合。這組合並非理性思考之後錢花在家人身上，反而是一番思考後發現：錢還是留自己身上最好，免得跟親友之間產生問題反而破壞親友關係。

圖七十一／武曲天府在本命命宮

天梁 巳	七殺 午	未	廉貞 申
紫微 天相 辰			酉
天機 巨門 卯			破軍 戌
貪狼 寅	太陽 太陰 丑	武曲 天府 本命命宮 子	天同 亥

天同 巳	武曲 天府 本命命宮 午	太陽 太陰 未	貪狼 申
破軍 辰			天機 巨門 酉
卯			紫微 天相 戌
廉貞 寅	丑	七殺 子	天梁 亥

武曲天相在本命命宮

本命盤只要有武曲化忌，可以確定今年就是花錢在家人身上，也會跟親友有財務問題，因為本命命宮武曲天相剛好在流年兄弟宮或僕役宮（圖七十二），只要看武曲在哪個宮位，就知道是為哪一樁事情在破財了。如果武曲沒有化忌，那就是為了跟朋友吃喝玩樂而破財，雖然這不需要過度擔心，但是如果天相出現化忌或是流年子女宮的貪狼忌又出現擎羊，這就需要注意跟朋友之間的金錢往來，與人合夥基本上也會很痛苦。如果是在僕役宮，除了一樣要注意武曲化忌或天相化忌之外，其實反而不需要擔心其他的事情，頂多也就是花錢交朋友跟吃喝玩樂的一年而已，不過如果你期待這些朋友可以為你帶來賺錢的機會，可能就要失望了，最多就是為你帶來許多桃花的機會。

圖七十二／武曲天相在本命命宮

武曲七殺在本命命宮

這個組合的2023年流年命宮跟本命命宮同宮（圖七十三），武曲七殺的固執跟努力一起爆發，期望流年官祿宮的破軍化祿可以有更多的工作發展，來補足財帛宮貪狼化忌的需求，但是流年財帛宮的陀羅星可能會讓他在上半年有不錯的發展，下半年卻問題叢生，這是武曲七殺常見的問題——過於努力卻往往忘記問題的發生。

不過，如果武曲七殺是在流年的遷移宮，命宮是天府則會好很多，反而是保守穩定地度過這一年，代表精神跟靈魂的福德宮貪狼化忌也會讓自己在這一年追求心靈的成長跟滿足，希望為未來找到更好的生活方式，在工作上可以有更多的發展機會跟人際關係的建立。因為夫妻宮有擎羊星，容易會有快速出現的戀情，或是與原本就認識的工作夥伴發展出戀情，當然如果是已經有對象的人也可能受到影響，需要注意。

圖七十三／武曲七殺在本命命宮

巳	天機 午	紫微 破軍 未	申
太陽 辰			天府 酉
武曲 七殺 本命 命宮 卯			太陰 戌
天同 天梁 寅	天相 丑	巨門 子	廉貞 貪狼 亥

廉貞 貪狼 巳	巨門 午	天相 未	天同 天梁 申
太陰 辰			武曲 七殺 本命 命宮 酉
天府 卯			太陽 戌
寅	紫微 破軍 丑	天機 子	亥

武曲破軍在本命命宮

武曲破軍這個組合的 2023 年流年財帛宮剛好是本命的命宮（圖七十四）。除了陀羅星在宮位內造成影響之外，武曲或天相也都有化忌的風險，跟人的金錢往來會影響到自己的財務狀況，所以這是一個理財用錢要保守再保守的一年，因為一切的起因都源於自己用錢與個性上太隨心所欲，再加上看重朋友、重視人際關係的維持，都會讓這個組合在這一年出現錢財的問題。如果可以避免這類的情緒問題，因為子女宮會有祿存出現，其實有機會可以穩定地留下錢財。如果遇到武曲化忌或天相化忌，則可能心情上會難以抵抗自己亂花錢，所以把身邊的錢財放在較有保障、穩定的儲蓄方法，是一個好的解套之道。

圖七十四／武曲破軍在本命命宮

天相 巳	天梁 午	廉貞七殺 未	申
巨門 辰			酉
紫微貪狼 卯			天同 戌
天機太陰 寅	天府 丑	太陽 子	武曲破軍 本命命宮 亥

武曲破軍 本命命宮 巳	太陽 午	天府 未	天機太陰 申
天同 辰			紫微貪狼 酉
卯			巨門 戌
寅	廉貞七殺 丑	天梁 子	天相 亥

武曲貪狼在本命命宮

這個組合的本命命宮剛好在流年夫妻宮或官祿宮，還有個流年的擎羊並且貪狼化忌（圖七十五）。如果是在夫妻宮，這是桃花爆發的一年，搭配流年遷移宮的破軍化祿，滿滿的桃花往自己的夫妻宮撒過來，擎羊星也正磨刀霍霍，讓你可以在情場上廝殺，只是如果身邊原本就有對象，那這把刀子也可能是抓在另一半的手上，要注意會因此造成感情破裂。如果是在流年官祿宮，則希望在這一年可以用自己的人緣跟聰明得到更多的工作發展，並且希望可以有投資創業的機會，同時希望自己在工作上獲得掌聲。這時候就不得不注意財帛宮的陀羅星了，畢竟貪狼化忌會影響武曲在財務上的判斷，所以這也是不適合為了事業而大幅度擴張、與人合夥的一年，否則就會出現讓自己的實力無法正常發揮的問題。如果原本就有天相化忌，還會有法律問題。

圖七十五／武曲貪狼在本命命宮

紫微 七殺 巳	午	未	申
天機 天梁 辰			廉貞 破軍 酉
天相 卯			戌
巨門 太陽 寅	武曲 貪狼 本命 命宮 丑	太陰 天同 子	天府 亥

天府 巳	太陰 天同 午	武曲 貪狼 本命 命宮 未	巨門 太陽 申
辰			天相 酉
廉貞 破軍 卯			天機 天梁 戌
寅	丑	子	紫微 七殺 亥

13. 天同星

天同在本命命宮，對宮天梁

2023年的流年福德宮或財帛宮有本命命宮的天同在裡面（圖七十六），這當然是開心快樂的一年，即使流年的財帛宮有陀羅星，這一組也會是最不用擔心財務問題的一組。天同在流年福德宮，則破軍化祿在父母宮，這除了是一個會想帶父母出遊、享受旅遊的一年之外，如果父母不在身邊（無論什麼原因）也會是一個懂得讓自己吃喝享樂或學習的一年。天同在流年財帛宮，則破軍化祿在疾厄宮，身體的享受是滿足自己的流年重點，錢財大概都會花費在享受上面，當然也會追求心靈的提升。如果遇到壬年生，有天梁化祿，這一年更有機會得到意外之財，不過因為有天相星在父母宮，破軍在疾厄宮，如果天相有化忌或這個位置有其他的煞星，這筆意外之財也可能是因為跟人交通擦撞而獲得的小賠償。

圖七十六／天同在本命命宮，對宮天梁

天同天梁在本命命宮

天同天梁在本命命宮的人往往重視心靈、覺得人生開心就好，也是很有福氣的人，在 2023 流年命盤上與兄弟宮或僕役宮疊併（圖七十七）。簡單來說就是一個跟朋友吃喝玩樂的一年，尤其是本身天同或天梁有化祿的人，在這一年親友會給予自己很多玩樂的機遇，也會因此得到許多人生學習的機會，讓自己的生活有許多提升，當然也免不了會因為朋友或兄弟姊妹、母親的關係而有財務糾紛，可以說這是有收獲、有煩惱，但是最後會有滿意結果的一年。工作、感情、人際關係、吃喝玩樂這一年都會相當地豐富，也是相當奔波忙碌的一年，只要享受生命、忘記人生中的小傷小痛，2023 年就會讓人非常值得回味跟滿意。

圖七十七／天同天梁在本命命宮

巳	天機 午	紫微 破軍 未	申
太陽 辰			天府 酉
武曲 七殺 卯			太陰 戌
天同 天梁 本命 命宮 寅	天相 丑	巨門 子	廉貞 貪狼 亥

廉貞 貪狼 巳	巨門 午	天相 未	天同 天梁 本命 命宮 申
太陰 辰			武曲 七殺 酉
天府 卯			太陽 戌
寅	紫微 破軍 丑	天機 子	亥

天同在本命命宮，對宮太陰

這也是流年命宮跟本命命宮相同的組合（圖七十八），天同星在裡面，比上一組更加享樂，無論財務情況如何受到流年陀羅影響，他都可以開心過日子，並且懂得安排好自己的生活。當然這一組也是桃花旺盛，所以還是要注意一下夫妻宮的那顆擎羊星。如果是太陰星在流年命宮，則天同在流年遷移宮，是享受快樂的一年，不過，太陰在命宮的人會相對懂得規劃自己的財務跟事業，所以雖然財帛宮的陀羅星會讓他有許多煩惱，但是因為懂得提早做好準備，所以問題不大，甚至可以是擴張事業的年份，如果從事的是開店的服務業，這會是非常豐收賺錢的一年。

圖七十八／天同在本命命宮，對宮太陰

巨門 巳	廉貞 天相 午	天梁 未	七殺 申
貪狼 辰			天同 本命命宮 酉
太陰 卯			武曲 戌
紫微 天府 寅	天機 丑	破軍 子	太陽 亥

太陽 巳	破軍 午	天機 未	紫微 天府 申
武曲 辰			太陰 酉
天同 本命命宮 卯			貪狼 戌
七殺 寅	天梁 丑	廉貞 天相 子	巨門 亥

天同在本命命宮，對宮巨門

這個組合剛好會是 2023 年的流年父母宮跟疾厄宮（圖七十九），如果不考慮命盤上面原本就有大限的擎羊或陀羅在父母宮，並且本身命盤上有太陽化忌，則需留意父親的身體狀況，以及容易跟長官或者父親產生口角，如果沒有這些跡象，則這是很有口腹之慾的一年。玩樂吃喝會讓這一年容易有發胖問題，若是巨門或天同有化祿出現就更容易有這樣的情況。此外需要注意受到感冒或肺部疾病的影響。這個組合的流年命宮剛好是本命的兄弟宮，並且流年財帛宮也會在本命疾厄宮，因此跟朋友出遊旅行容易會因為身體不適造成需要花錢，或者玩得不開心的情況。除此之外，因為剛好流年夫妻宮疊到本命田宅宮，並且有一個流年擎羊搭配天府星，表示希望在感情裡面掌握權力的狀態，而且是強硬的，所以如果是有另一半、甚至有家庭的人，這一年要控制一下自己的感情處理態度。若是與朋友有合夥機會，也要多加思考這一年的合夥計畫才行。

圖七十九／天同在本命命宮，對宮巨門

天同巨門在本命命宮

天同巨門最明顯的特徵是容易情緒化，會感情用事，放在哪個宮位，該宮位就會有這樣的煩惱。這個組合在2023年的流年命盤上，天同巨門是坐落在夫妻宮跟官祿宮上面（圖八十），再補上流年擎羊星這把刀，又加上流年財帛宮的陀羅，首先要注意的當然就是工作與財務的部分。如果看老闆不爽、覺得工作環境不好，想換工作要先想想自己的財務狀況。如果流年夫妻宮內是天同巨門，除了留意工作，還要注意感情問題。身邊有另一半的人，性生活可能是兩人之間感情升溫或互相怨懟讓你想換人的主要原因（當然也可能是對方想把你換掉）。不過，單身者也有閃戀的機會，會一時之間覺得遇到對的人，彼此賀爾蒙吸引，這畢竟是有破軍化祿在僕役宮，所以會幫助自己在這一年有許多的桃花機會。不過，要注意不能跟人有金錢往來，尤其是跟自己的情人。如果天同巨門是在流年官祿宮，除了應考量好自己的財務狀況再來考慮工作心情以外，工作上也常有戀情機會，這當然就看自己當下是否在乎身邊的人的想法。而單身的人在這一年可以好好地多認識一些人，拓展人脈會很容易找到戀情。

圖八十／天同巨門在本命命宮

14. 天相星

天相在本命命宮，對宮紫微破軍

因為是本命命宮天相對宮紫微破軍，天生對於自己的人生規範有所期待跟堅持，但是也希望能夠依照自己的夢想前進，這剛好是2023年的流年夫妻宮跟官祿宮（圖八十一），不過有個流年的擎羊星補進來，這會讓自己在感情工作上面有一股強大的突破力量，希望改變現況，也就是環境的流年擎羊，給予自己本身那個具有規範的天相一股力量，希望能夠在感情跟事業上有所突破，這時候就需要看看自己在感情跟工作上面的情況來作為判斷。如果是已婚而且原本感情就有問題，這一年就是一個可以做個了斷的機會；如果原本沒有問題可能也會需要注意兩個人會有人生價值觀上的衝突，甚至導致有第三者的機會。如果是單身，則是環境給予自己在工作上一個突破的機會，但是這個突破的機會可能是先破壞才隨之而來，環境給予機會也鼓勵自己應該要有勇氣突破現況，連帶著自己就會去爭取並做出以前不敢的選擇。但是因為這一年畢竟有陀羅在財帛宮，加上天相搭配擎羊容易有官非，與人的約定容易出問題，所以如果有機會合夥或創業，需要三思。天相跟破軍都有交通的概念，所以在工作途中也需要注意小車禍。

圖八十一／天相在本命命宮，對宮紫微破軍

天相在本命命宮，對宮廉貞破軍

2023年流年命宮跟本命命宮或遷移宮重疊（圖八十二），流年夫妻宮有擎羊，鸞喜星在子女宮、田宅宮，命宮與遷移宮皆為桃花星，代表感情的夫妻宮又有許多環境給的動力，所以感情問題應該是這個組合2023年的主要功課，除非他生活在沒有異性的沙漠。如果是甲年生的人，會有擎羊跟天相同宮或是在對宮，無論哪一個都可以讓他在這一年希望突破極限尋找自我，加上同時間破軍化權又化祿，也會讓他覺得自己應該可以做些什麼，唯一需要注意是隨之而來的桃色糾紛以及工作事業上的小人跟背叛，但是這些事情卻都是好壞並存的。如果不是甲年生的人，2023年則需要注意桃花會為自己惹來一些工作上或跟朋友人際上的麻煩，或許自己不經意的言語卻會給人錯誤的想法。同樣地，因為有陀羅在財帛宮，所以需要注意朋友之間的金錢往來，尤其異性朋友之間的金錢往來，更是千萬不要。

圖八十二／天相在本命命宮，對宮廉貞破軍

天相在本命命宮，對宮武曲破軍

流年福德宮或財帛宮剛好是本命命宮的天相，對宮是武曲破軍（圖八十三），不偏不倚地放進一顆流年陀羅，最容易跟人有財務糾紛的就是這一組了，而且是為了賺錢才造成的，無論是借款、投資、放款、票據往來，這個組合的人在這一年都要小心注意，最好是通通不要做。而且不只是跟人有財務往來才會如此，也包含做股票投資這類的理財工具，尤其是風險性的投資更是如此，如果是穩定型的投資可能只是造成小小的財務窘迫，但是風險型的投資尤其是朋友介紹的大概都會出問題。如果本身理財觀念務實，小心翼翼，搭配 2023 年的流年命宮是紫微貪狼，好好出去玩樂把錢都花在自己身上大概是最好的選擇。如果想投資個名畫名錶雖然不是不行，但只要起心動念希望這件事情能讓自己漲點資本的都會是魔鬼準備帶著我們走向燒錢地獄的開始。因為天相有合約、契約的意思，所以這也表示在這一年會與人容易有財務糾紛，所以多注意金錢類的合約就可以避免。

圖八十三／天相在本命命宮，對宮武曲破軍

天相 本命命宮 巳	天梁 午	廉貞七殺 未	申
巨門 辰			酉
紫微貪狼 卯			天同 戌
天機太陰 寅	天府 丑	太陽 子	武曲破軍 亥

武曲破軍 巳	太陽 午	天府 未	天機太陰 申
天同 辰			紫微貪狼 酉
卯			巨門 戌
寅	廉貞七殺 丑	天梁 子	天相 本命命宮 亥

第四章

2023年四大季度與每月運勢提醒

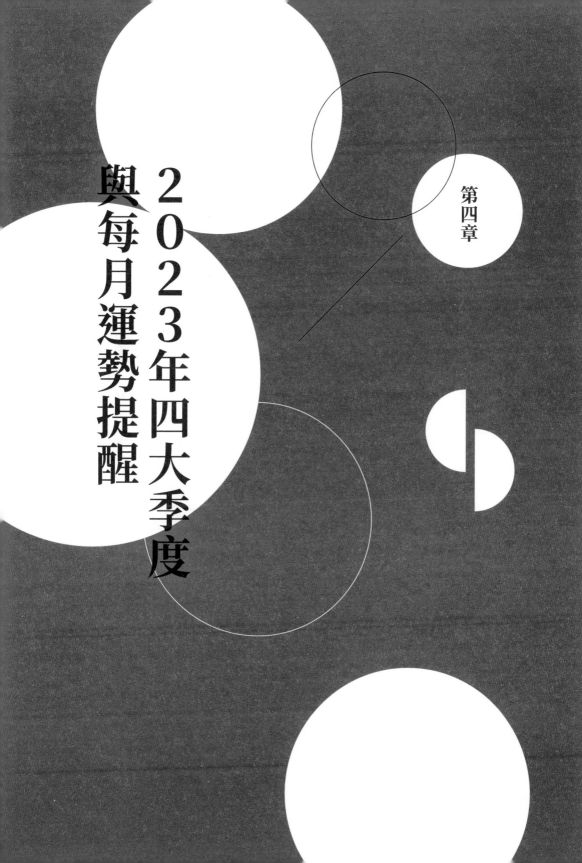

第一季主題：破軍

我們都願意相信詩與遠方，但現實更常痛打我們耳光。自己的風險承擔能力是可以客觀評估的，超過自己能力範圍的事情要多方衡量。

一月

檢查自己手邊的資源，以及再次客觀檢視自己的風險承擔能力，並記在心裡。

過去幾年的整體氛圍因為大環境的變遷，總讓人覺得心裡不踏實。除了因為疫情的原因，人人自危，擔心身邊所愛的人之外，大家也對這個漸形陌生的環境感到無所適從。凡事都有一種被壓抑、不能自己的感覺，充滿著妥協。

妥協會讓人往相對務實的方向走去，並且更努力地付出勞力，例如 2022 年的年干四化中的武曲化忌。代表一步一腳印的星曜產生了化忌，產生生怕做不夠而更加努力地去追尋務實資源的收穫（關於錢）的整體環境氛圍。但是其實大家打從內心知道，並不是每一次的努力都會蛻變為心中最想要的成果。若付出了努力卻求而不得，就會讓人產生更深刻的被壓抑感。

凡是被壓抑久了就會想要尋求突破點，這是安身立命的本能，也是趨勢運行的軌跡，這也是新的一年一開始最明顯的大環境氛圍。空缺與慾望是一切行為的推進力，這在 2023 年以貪狼化忌的模式顯現，而農曆一月的天干有部分與年干重疊，所以這樣子的情況將會更進一步地顯示：部分的人會有多元的期待想要實現，另外一部分的人可能基於理性或者過往的傷害，刻意與自己的夢想疏離，採觀望的態度。

夢想始終奠基於資源，順著過往幾年的脈絡走到今年，受到壓迫的影響，整個環境中會有一系列的「報復性」爆發，因為實在是悶太久了。這樣的爆發並不是理智的，而是順著感覺走、傾注所有資源，雖然不失為成就夢想的最後一哩路，但我們始終不能夠忽略這樣的風險。這時候請觀察破軍進入了十二宮的什麼位置，那就是你套取資源投入的地方，若進入與人相關的位置，例如：夫妻宮、子女宮、僕役宮……等，資源是用關係交換來而來；若進入到財帛宮則直接代表金錢的投入，財務之上破耗的過程必不可能少。要注意的是，所有的資源累積都需要時間，消耗過後不一定能得到填補。錢、友情、資源、健康，通通都沒有不見，只是變成喜歡的樣子。只是你要確定是真的喜歡，還是以為喜歡而有後悔的可能。

命盤上有太陽、天梁對拱組合的人要注意，因為流年的財帛宮有會有武曲、破軍，或者是天相，要特別注意財務規劃以及人際關係的經營。類似的風險也會發生在命盤上有廉貞破軍同宮組合的朋友身上。命盤上有太陽天梁同宮組合的人也要注意，特別是人際關係部分。

另外在這個嘈雜的外在環境之中，廉貞貪狼同宮的組合要特別注意，具有易受人際關係影響的特質，而在這段時間裡你的思緒、精神容易不穩定，進而造成理財能力上的波折。

時間接著往一月下半走去，整體趨勢的推進充斥著官非。因為壓抑而產生的任何需求的反彈，都有可能衝擊到既有的規範。這可能顯示在與上位者的衝突、自立門戶、現狀改變、條款修正的面向上，這都是太陽化忌所造成的。

在這樣的環境之中，發揮廉貞化祿的特質，一切保持清白，可以保持運勢的順利並且收穫一些利益。組織有可能有重組或者是職權重新安排的可能，不要貿然地選邊站，但要保持關係的懷柔。凡事除了想法，也要有務實的做法。

2023年當年度財帛宮會有陀羅進駐，若一月流月財帛宮同樣位於亥者，在大環境經濟還在盤整的階段，自己的資源消耗也需要保守一些，除非命宮與財帛宮中煞星過多，否則本月份的破財跡象集中在前半個月。至於下半個月，檢查武曲星進入的宮位有錢財露白而造成額外開支的問題。

慾望的管控除了衡量能力之外，也要衡量身份。擎羊、陀羅在這個月輪流補進夫妻宮，容易造成感情上的紛擾。也要慎防因此造成的心態變化會影響到事業經營，各方面要慎防衝動壞事。同時因為太陰化科、太陽化忌，若身旁已經有伴侶的人更是注意不要亂放電，在穩定的關係之中，不論第三方釋出的善意與好意，都是惡意，要注意自我把持，不要隨意接受。命盤上若有太陽、太陰同宮的組合，更是要特別謹慎。

環境給予的機會在於有勞有得、增加家庭成員以及人際關係的經營之上。過去的努力，例如過去一年的辛勞有機會在本月份得到回饋，可以期待獎金的加碼。如果有生育的計畫，可以把握年假期間排定進度，但不要忘了輔以醫學的幫助。一體兩面，若還沒有準備好生育計畫的，要特別注意避孕，不要僥倖。

最後，不要有過度的忌妒心態，每一個人的收穫都有你沒看到的努力，不要吝於給予掌聲。同時，錦上添花或者成全，都是為整年度的可能風險預先廣結善緣。

◆二月◆

眼光放遠，不要糾結於當下的情緒，也不要拘泥於當下的境況。

太陽化忌的能量會持續到這個月，上個月提醒過大家不要貿然地選邊站，讓子彈再飛一下，避免被流彈波及。但是若是本來就位於權力的中心，我斷不可能讓你舉起雙手迎接子彈。需要認知的是，任何事物的新陳代謝都是必然的，靜下心來探查事物的脈動，你會發現當前的境況其實早有端倪。可能是一直被你認列為神聖不可侵犯的領域，也可能是早有聲音出現卻被種種原因忽略，也可能是你過於解讀自己的身份而過度承擔造成的反噬。不論是哪一種，天機化祿的能量即將出現，你會不習慣也可能感受到痛苦，但是時候要改變了，理智地調整當前的方向會讓你有所收穫，或至少能夠將讓傷害偏離軌跡。

整個月的氛圍會從劍拔弩張開始，慢慢地內心自我懷疑的聲音會逐漸放大。你對很多的習以為常開始有了疑惑，隨著身份的不同，你也可能感受到的是憤恨不平。可以觀察一下自己命盤上的太陽星進入到什麼宮位，在相對應的宮位代表事物之上，你要掌控好自己的情緒與分寸。你要找到自己堅實的立基點，同時對於與自己不相干的事情不要過多干涉，我不否認你的善良，但是你下意識擴張自己影響力的特質，常常將自己捲入風暴的核心。你要承認你自己不是那麼無辜，然後學習正確地視而不見，因為很多事情無關對錯。

人性是趨利，並且浮動的，不需要為此有過多的情緒，畢竟人不為己天誅地滅。只是在這樣的過程之中，你可能會找不到施力點，難免有自己的領地不斷被蠶食鯨吞的侵蝕感瀰漫。隨著立場與身份的不同，會有不同的突破方式。

化科是彰顯、讓事情浮上檯面的力量，從一步一腳印的武曲過渡到重視地位的紫微，空氣之中瀰漫著一股堅持與尊嚴的壁壘。

我們要掌握環境為己所控，化權的力量必不可少，破軍化權讓一切的改變增加了相對踏實的部分，可行性也提高。任何夢想的達成都不能忘記人際關係的經營，而善良的天梁，最可貴的是成熟、經驗以及願意付出的特質，可以在這個月好好運用這個特質，可是天梁化權的付出特質難免有過於囉嗦和強勢的可能性，其分寸拿捏要掌握有度。

結合之後，會知道要兼顧各方的核心利益，不要過度踐踏他人的專業與尊嚴，同時尋求經驗豐富者的協助。

你若是手上資源相對稀薄的族群，不要認為所有的事情都是理所當然，也不要一味地仇視掌握資源的人，那都是人家過往的努力與機緣。你或許可以說他們是既得利益者，但這無助於你的目標實現，反而只會影響到你的心情。你要思考的是如何讓你口中的既得利益者成為你的助力。將對方的利益納入你的計畫之中，提出讓人無法拒絕的提議並傾囊給予協助會是你一切計畫訂定的方向以及主軸。

至於手上握有資源，或者掌握權力的人，當變動的洪流已到了你的城門口，與其負隅頑抗，不如看清方向，順勢前行。同時將手中掌握的權力與資源，成全可以帶你到遠方的新勢力。注意不要過於強勢，或者拘泥過往榮景，否則容易破局。

不要出傻力，虛耗資源，這一點特別要提醒命盤上有武曲七殺、武曲破軍、武曲貪狼雙星同宮組合的人。

同時也要注意意氣之爭而讓自己增加無謂的損耗，這一點命盤上面有紫微貪狼、紫微破軍，以及紫微七殺雙星同宮組合的人要特別留意。

祿存星在本月份的位置會從地支位寅宮往地支位卯宮移動，會影響到流年的兄弟宮以及命宮。機會點的掌握在於親友、客戶、朋友、同儕、同事間關係的維持，只要能夠掌握住大方向，在自己的能力範圍之內不要吝嗇於成全任何人，則這股力量會在農曆二月下半給予自身反哺。

外在給予的刺激以及可能的風險可以觀察擎羊與陀羅雙星，而在二月份這兩顆星曜挪移的軌跡跳脫不出命宮、父母宮、夫妻宮以及兄弟宮的範疇。這一點與機會點掌握給予的「認真經營人際關係」之建言脈絡其實是重疊的，只是加上了與上層維繫良好關係的向上管理。如果風險都來自於與人際關係相關的位置那自然用智慧好好維護就是開運的重點。除此之外要注意休息，不要過於操勞自己，同時感情相關的議題要花心思要好好維持。

◆閏二月◆
每個人都有每個人的業障因果，凡事走過必留下痕跡，不要僥倖。

「心機」好像是一個相對負面的詞彙，這是很奇怪的事情。畢竟，只要是有靈智、想法的生物就不可能沒有心機。只要不傷害到自己與他人，其實有計謀並不是那麼壞的一件事。只是正好在這個月，可能過於爆棚的心思很容易對自身造成困擾。而在這個月，整個社會氛圍正瀰漫著這股氣息。大家對於自己的美好生活想像感到灰心、絕望，也有不穩定的波盪產生。這一切都是太陰化忌的力量使然。

太陰星可以作為對美好生活的想像而詮釋，為了追求安穩、快樂地生活在我們當前的工商社會其實是需要資源的，而資源的豐沛與否，一直勾動著太陰星深層的安全感。加上太陰星本就有感性的一面加上細膩的心思，當安全感潰堤的時候，就容易往鑽牛角尖、過度盤算地極端走去。觀察太陰星進入你命盤的什麼宮位，那代表著在這個月容易在什麼樣子的方向鑽牛角尖。

在這樣的環境氛圍之下，命宮或福德宮坐入天機、太陰、貪狼、巨門、天相這類本就溫柔、細膩、有著玲瓏心的星曜組合的人們，特別要注意休息，還有不要太為難自己，也要慎防自己的不安全感影響到手上正在進行的事物。

要謹記，安全感是自己給的，向外索求失望的比例偏高。也要學會當前客觀無解的事情，就暫時擱置一旁，等待適當的緣分與機緣再行處置。

這個月化忌的力量會從太陰轉向廉貞，大環境的氛圍會從不安全感的瀰漫，往劍走偏鋒挪移。廉貞代表的是自制的力量，在意自我在他人眼中呈現的模樣，也希望得到他人的認可形成了一種先天對於自己的約束。當這樣自我的約束長時間沒有得到足夠的回饋，拘束的力量就會慢慢地鬆動，而被壓抑久時的皮球就會猛烈地反彈，而造成規範的破壞、陽奉陰違，或者以自我的利益掛帥不講道義的行為舉措。

這邊可以查找自己命盤上的廉貞星坐在什麼樣子的宮位之內，除了對宮位所指涉的事物有所影響，要做好準備之外，也要預期這樣的影響高機率會與人際之間的往來脱離不了干係。

沒有人會否認非常時期需要運用非常方法，在很多時候這種框架、教條、約束被打破，也是破除沉痾的必然。但是不同的人進行，會有截然不同的結果。果敢破除，不為教條所囿的行事作風，一定會在某時、某地、某物、某事上出現反噬。例如辦公室的關係、專案的進行、合約的簽訂都有可能要有備案，因為會有出其不意的問題產生。

特別是文昌星同時在本月份化科，除了代表這個月有升遷或者良好的考運（特別是文昌星進入了命宮與官祿宮，同時沒有過多的煞忌），也有條文與規範的彰顯意涵，而若有檯面下、藏在暗處，不合乎規範、約定的業障因果會被攤在陽光下無法僥倖躲避也在文昌科的涵蓋範圍之內。

那到底是要堅持原則，還是要跳脫框架呢？還記得在月份運勢的一開始就提醒大家好好客觀地評估自己的風險承擔能力嗎？這一切看的就是你的風險承擔能力，準備充足再衝撞跟路邊撿個鐵鍋就戴頭上往前衝的安全係數與衝撞成功機率，完全不可以相提並論。另外要注意的是廉貞化忌的時候也有可能有法律上面的疑慮，將這一點納入你的風險評估之內，保持警醒。

關於這個月浪裡行舟的方法，我們可以觀測分別化祿與化權的天同與天機。天同星隨和不計較、與人為善、赤子之心的視角，是在滿城風雨之中持盈保泰的力量。若真的涉及不可不作為的境況，天機星邏輯有條理的特質，只要能夠兼顧人際關係、思緒不要過於紛雜，有助於掌握時勢。

關於機會點的掌握，本月份祿存移動的軌跡是從地支位卯宮往巳宮移動，貼合流年盤的命宮和福德宮。這象徵著若能把握本心，並維持著穩定的精神狀態可以有平穩的運勢，甚至有新的利益來源浮現可以掌握，和氣生財不失為本月份的寫照。同時祿存的位置也在這個月提醒我們保持放鬆的身心、懂得適當地放鬆，有助提升整體運勢。

風險把控的部分要注意，擎羊與陀羅持續在兄弟宮與父母宮之間游移，同儕以及向上關係的維持依然是課題。另外除了注意休息之外，陀羅在本月份的下半段也會涉及田宅宮。除了家庭關係的維護，也要注意有意外開銷的可能，月光族要多預留一些安全備用基金。

◆三月◆

每個人都有自己的時區與最好的時機，不要無謂地跟他人攀比。

開年以來浮躁的社會氛圍，處處浮現著所謂的「機會」，還有聲聲鼓吹孤注一擲的喧囂，你或許都可以視而不見。但現在，新的一年已經過去了三分之一，你會開始擔心是不是這一切的不作為，又將讓你開啟新一輪錯過的旅程。你可能開始細數過去兩三年錯過的航海王旅程，沒跟上台積電起飛的航班，也沒在顯而易見的時機分到醫療類股的羹湯。

沒有跟上是部分的結果，在當初都有那一個時空背景的原因，運勢的掌握除了關於錢財與成就，還有你是否過得舒服更是重中之重，不要「硬要」。任何超出你願意支付以及能夠承擔的風險的舉措，都不是適合你的事情。

道理都懂，但是實在是按捺不下心中的悸動？要注意，廉貞化忌的力量在上半個月依然籠罩著我們。接著不安的感覺會銜接上來，連結到下一個月份，因為緊接著巨門要化忌了。

越是在這個浮動的時節，人越容易受到外在環境的影響。例如，猶豫著是否要衝破框架的時候，我們習慣向外尋求認同，找出更多的理由支撐我們的行為。又例如，在安全感不足的時候，一般人也傾向向外尋求安全感的補充，或者做一些無濟於事但是讓自己感受比較好的行為。前面的兩個例子有一個共通點，我們都會依循心目中的所謂權威的言行，或者模仿自我價值判定過得比自己好的存在，而產生加入破殼小雞行列的衝動。

要提醒大家，在具有強大渲染力的話語表象之下，其實有可能發語者也在說服著自己，他與你一樣不安。另外，就算讓你感到安心與信服，任何接收到的訊息還是需要經過謹慎地驗證內容的可信度，才會進入到決策的環節。這是天機星化科給予的機會以及提醒。同時要注意行車安全。

自我命盤上巨門星進入的宮位，安置著你最沒有安全感的事物，持續保持著不安或者延伸出的怨懟不太有正面的幫助，在有時間的餘裕之下，建議可以直面自己的匱乏感，並用心地補足相對應的知識或者調整行為方式，才是根本解決問題之道。

在前述勾勒的環節之下，常保本心的人能夠持盈保泰，這是天同星化權給予的提示。但是要注意常保本心與任性、執拗的差異。對凡事都還是要保持清明的判斷，以及常保訊息的接收通暢，並順應時勢做出最佳的判斷與滾動式調整。任何情緒化所引領的決策，都不是解決問題的上策，也有可能讓你離真相與目標漸行漸遠。適時調整方向，並不代表被這個世界所改變，或做出了任何妥協。而是行動方針得到了優化，讓自己與夢想可以更貼近。

這個與夢想貼近的機會的掌握，可以查找自己命盤上天同星坐落的宮位，在相對應的事情上面謹記前述的行動方針，可以讓整體運勢變得更通達。

好消息是，太陰星在這個時節點化祿。太陰具備有桃花屬性，也是財星，同時有溫柔包容的天性。對於旁人多一分的諒解，發揮異性吸引力都有可能讓人獲得相對應的好處。要注意財務增長的屬性偏向穩定細水長流，同時可以預見的金額並非巨額，所以這其實也是環境對於有任何投機心態的人再一次溫柔的提醒。業務從業人員也可以把握這個月份，做符合前述特質描述的業績開發與佈局。單身的人，也有機會接上自己的紅線，有伴侶的人自然就要抵擋得住外在的誘惑。命盤上若有太陰與天同或天機對拱，又或者是太陰太陽同宮的人要特別注意掌握。

這個月的機會點掌握在福德宮以及田宅宮，隨著祿存移動的軌跡，我們會知道上半個月是積極開發業績的時節點，而下半個月要將目標挪回根本並且務實地評量實質收穫。同時將心思放在自己所在意以及深愛的人身上，在自己的能力範圍之內必定不虧。

至於本月份的風險調控，會涉及田宅宮、官祿宮、父母宮以及福德宮相關事物。除了延續好幾個月提醒大家的，在工作上有衝勁同時為了自己有好日子過要注意向上管理。不要過於操勞自己，也要注意有固定伴侶的感情始終都需要維護。也要注意有不得不支付的額外支出可能，所以財務規劃上不要過於緊繃要保有餘裕。但是如果是對於家人，在自己的能力範圍之內，你也願意的話就不要計較太多。請家人或者團隊吃飯會是良好的開運方式。同時掌握上半個月的業績開發時間，因為下半個月整體關於財務、理財的規劃會需要經過一番盤整。

第二季主題：巨門

人前口若懸河，人後幫自己加油打氣，因為實在不知道何為充滿自信而有渲染力，還是吹口哨走夜路騙人之前先騙自己，對任何動搖自己的談話都要細細觀察來龍去脈。

四月

凡事剛剛好就好了，否則是在添加風險，包含謹慎與小心。

為了自己定義中的資料完整性，在文件審核的前一天徹夜未眠，勉強趕出一份不在審核文件列表中的報表，卻因為這份報表反而凸顯出審查人員本來忽略的面向，更誤觸了主審官的逆鱗，因為你不尊重他訂下來的審核文件列表，而導致本來可以順利的案件破局。

標準的搬石頭砸自己的腳。

而這正是本月份從巨門化忌過渡到天機化忌的大環境氛圍之下容易催生出的插曲。特別是命盤上組合有天機巨門同宮或對拱、天機天梁對拱、天機太陰對拱的組合要特別注意工作、事業以及財務受到這般的影響。其他的人可以觀察自己的天機星坐落的位置，提醒自己在相關的事物上面不要思慮過重反而造成非預期之內的困擾。

天機星主要的特質為強大的邏輯與條理，有縝密的思考能力是通往邏輯與條理的必經途徑。每天在河邊走的人，鞋子不可能常保不濕。手工麵線師傅可以熟練地拉出千絲萬縷的麵線，但不可能沒有拉斷的時候。這就像是天機縝密的思慮與條理，也一定有打結的時候。天機星遇到煞星或是化忌的時候就是理智線斷掉、打結的時刻。當理智亂掉，就有可能發生搬石頭砸自己腳或者聰明反被聰明誤的現象。要注意行車安全，若工作與機具器材相關要做好檢修維護並備好備用機具。

而在這個月，這樣的糾結與亂序源自於不安全感。當不安的時候，思緒自然會變得更加的繁雜。也因為不安全感的來源未必可以開誠布公地昭告天下，所以也有很高的機率在懷抱自己心思之下，用自己的方法處理事情。自己的方法未必是最合乎邏輯以及當前情況的方法，特別是自己的思緒不清晰的時候。

因為種種的原因，例如太忙或者情緒被勾動而無法理性，在某些時刻總是會相對地不理智，也看不到顯而易見的事實，這是很正常的，畢竟人是肉做的，不要太苛求自己。若你當前處於這樣的時期，有好朋友可以分析給建言是很有用的幫助。同時也可以多方涉獵相關的問題，以及多方請益各種不同的建議，綜合出一個有用的行動方針。這是貪狼星化祿的力量。但是有兩點要注意：第一點，專業的事情要尋求專業的諮詢，與不具備相對應經驗與專業的人談論，最大的幫助只是緩解心情不適，卻無法有建設性的幫忙。第二點，凡事都有時效性，各方的意見整合與資訊搜集不可以沒有盡頭。當大多數的建議都指向同一個方案的時候就該下決定了。這兩點是貪狼星化祿、天機星同時化忌的時候非常需要注意的開運重點。

這個月同時有兩顆桃花星分別化祿與化權。與人為善，並且抱持著包容與服務的心，在自己的能力範圍內，不要過多計較地給予照顧，會是讓這個月順遂的關鍵。貪狼化祿的注意事項在前面已經分享，這裡同時要注意當太陰化權的時候，雖然照護他人的特質依然存在，但是有過於強勢的風險，這樣的強勢顯現於要所有細節都如自己的意。然而，當事情涉及其他人的時候，每個人都有自己的自由意識，並不會完全照他人訂下的劇本演出。若過度地在意，則可能加重思慮增進天機化忌的負面影響。身心靈相關職業人員可以把握機會開拓，只要注意原則，本月份是不錯的機會。

至於本月份的風險調控，基本上如上個月，會涉及田宅宮、官祿宮、父母宮以及福德宮相關事物。這一定程度地顯示了，在這個時節點，管控好在工作上可能有的衝動情緒所造成的影響，與人際關係的經營，是非常重要的事情。在適當的時間點也要懂得不要過於為難自己的道理，凡事都要照顧好自己。在本月份桃花旺盛的氛圍之下，有伴侶的人要加倍注意對自己的把持。不管是出軌的初心者或者是慣犯，要注意這個月同時有屬「人」的右弼星化科，搭配太陰權，被掌握證據的可能性很高之外，並不是可以三言兩語打發的。多花心思陪伴你真正在乎的人，對於在乎的人，若無傷大雅的事情不要太鑽牛角尖。財務上依然要注意理性，保持應對突發狀況的餘裕。

五月

穩定踏實地前進，但也要記得適當的人情世故。

焦慮出現的一開始，擔心的事情往往都還是圍繞著問題的核心，相對有建設性。隨著時間的慢慢推移，若是一直無法解除焦慮，則焦慮的核心很容易偏離重點，漸漸往情緒或感覺走去。而情緒與感覺，在多數遭遇到問題的時候，並無法對事情的進展有任何幫助。

問題發生了，就解決問題。最怕的就是要解決的是情緒上的問題，因為問題的脈絡未必清楚客觀，也有可能夾雜著許多的個人「眉角」。這正是天機星化忌轉化為文曲星化忌的時候容易發生的情況。還記得前兩個月的趨勢分析有提醒過大家注意感情問題嗎？這個月依然有這樣的問題，特別要當心若涉入這樣的感情風暴，有某一方會做出不理性甚至過激的行為反應。所有的事情都是一體兩面，也有可能是自身被背叛，那自己要繞過自己從迴圈之中走出來之後再做其他判斷。自己一定要善待自己。

文曲星是一顆桃花星，也是一顆與才藝相關的星曜，才藝的習得與掌握其實非常講究感受與意會，所以文曲星也是一顆感性的星曜。浪漫的情懷以及別出心裁的想法也是文曲星的力量涵蓋範圍。這一切的描述性質都跳脫不出感受、思慮以及腦神經的範疇。當文曲星化忌的時候，自然桃花的亂流、感受的滿溢、思慮的紊亂都會是堆疊出來的結果。除了過於感性的問題之外，也很高機率是長期被忽略的問題，以及沒有照顧到的感受在這一刻達到了上限，所以產生問題。

可以查找一下自己命盤上的文曲星在什麼宮位之中，如果該宮位的意涵與代表事項與人際關係有關，要注意人際關係之上有情緒的問題需要處理。若進入了其他宮位，那自然就要注意過度的思慮形成事情進展的阻礙，例如文曲星在財帛宮或者是官祿宮，自然就要注意過於感性以及思緒的紊亂可能產生負面影響。對於講究邏輯的理財還有講究理性的事業，情緒都不是面對問題之道。

同時要注意文曲星若是坐落位於命盤上的地支位巳（流年福德宮）、午、未位（對應頭部），特別注意思慮影響到休息以及精神的穩定度。

分辨出主要的行進軌跡，不要讓自己的思緒拖著，是突破的關鍵。但是一味地突破，難免有橫衝直撞帶來的風險。折衷的方法就是遵照標準行動流程行事，遵照著流程往預期的方向前行。這其實是武曲星的特質，而武曲星在本月份化祿，代表著穩定踏實一步一腳印的行動方針可以在本月份取得好處。除此之外，一直堅持做對的事的人在本月份下半也有機會嘗到回饋。傳統產業、手藝、技藝、專業面向方面，以及相關從業人員也都有機會收穫果實。

照章行事難免生硬，有時候也有不近人情的感覺，如果能兼顧人際關係整體的運勢會更順暢。只是要拿捏好分寸，否則在這個月份過度往人際關係傾斜，也有機會加重文曲的思慮特質。這是因為本月份的貪狼星化權，在努力的前提下，兼顧人際關係的經營可以掌握整體運勢的走向，但是因為化權的緣故，則難免在特定環節有過於堅持之處。成年人的人際關係有些時候要如同放風箏，天各一方但彼此保持廉潔。若是繩子拉得過緊，自然就有打結的疑慮。

在貪狼化權的時刻，身心靈相關從業人員其實也是可以好好掌握拓展的時刻。但是，一如前文所說，客戶來是解決問題的，若為了私利趁人之危，高機率會引發難以處理的問題，謹慎。

這是連續第三個月份的風險與機緣同時纏繞在地支位辰、巳、午、未。涉及的宮位主軸依然是田宅宮、福德宮、官祿宮以及父母宮。回歸本心，覺察自己最核心的需求，以及最原始的初心，很多問題會得到解答並且可以擁有更明確的方向感。

與人為善，對深愛的人保持彈性，對衝動保持理性，特別在面對事業的時候。不管什麼時候都不能夠過度地操勞自己的身體。注意可能有額外的開銷，理財上要持續保有餘裕。

◆六月◆

每一個黑夜都將迎來黎明，而黎明前一刻，天最黑。

天頂上的太陽對於所有生命體的平衡是必然且必須的存在，但是其熾熱總還是會造成傷害。太陽隱約代表了規則的裁判，在集體的運作之下，規則其實是如空氣般的存在，問題只在於這個規則是否適合時宜。新陳代謝之中，太陽也有殞滅與再次升起的時刻。而在這個交替的時節，新的規律（不論是暫時又或者是長久）即將完善，波蕩起伏已久的環境之中，難保不會有人掙扎著拒絕不承認新升起的太陽。

在新舊交接之中一定會有規則鬆動的狀態，還記得我們說的風箏理論嗎？記得人際關係之中只要保有連結，天各一方可以保持彈性與美感，線拉得太緊勢必打結的機率會無止盡地提高，這是天相星化忌的時候產生的跡象以及外在環境的變化。

值得探討的是這樣的環境其實是有遠因的，究其根本其實就是付出與堅持一直沒有得到回饋，想方設法以及各種不安所堆疊推進的變化。加上今年整體大環境有種經過長時間壓制的反彈，所以觀感會特別的特殊。

查找自己命盤上天相所進入的宮位，這些宮位多多少會受到這種規則鬆動所影響，而這高度的與人際關係相連。我們除了提防既有的約定產生來自他人的波折，其實也要提防自己是不是有片面更動條件的狀況。不是要你無謂地接受不適合自己的規則，只是提醒你這樣的變動高機率會勾動身邊的人際關係，在下決定之前再次檢查自己的風險承擔能力。沒有錯，風險承擔能力的估算從開年就提醒大家，如果有照著建議步步為營，自然被影響到的幅度就會降低。同時不能夠忽略的是天相化忌的時候，也高機率代表官非、罰單之類的東西加身，如果手頭本就不是太寬裕的人，自然就要守規矩，不要增加額外的開支。

在行為操作上的注意事項與提點，大致上延續上個月給予大家的建議務實、踏實、兼顧人際關係，但不要將彼此之間的線拉得太緊之餘，我們也可以從太陽化祿、武曲化權、天同化科的角度出發，構思如何接近讓自己喜歡的人、事、物。

基本上在自己的負擔範圍之內可以多給予他人協助，江湖地位的鞏固有助於接近自己的目標，人都是趨利且自私的，這樣的做法俗氣但是有效。任何確立的方向就需要穩定地推進，掌握節奏感。SOP可以是給自己的操作流程，也可以是在事情發生、不知道如何應對時的擋箭牌。最後，只要確定所有事情都在正軌上，就不要過於咄咄逼人，準備好備案靈活變通，剩下的時間就看著事情發生，和善地裝傻。

提醒命盤上若有太陰天同雙星對拱、天同天梁雙星對拱、以及天同巨門雙星同宮組合的人要特別注意，凡事都有其規律，聰明的你們其實都知道，但很多時候卻拒絕下決定。這可能使你跟難得出現的機會失之交臂，也可能在感情上增添波折，同時大家都不樂見的破財狀況也有可能會發生。另外，命盤上若有武曲天相同宮的組合，也要注意財務關係引起的人際糾紛或者人際關係引起的財務風險。

關於本月份的機會點掌握，如果外面有許多風雨，其實可以多花點時間在家人身上，這是因為祿存星的力量在上半個月依然籠罩著與家人相關的宮位。在家裡休息足夠之後，我們通常也會比較有精神面對外界的風雨，並保持著理智，這樣一來就可以順利地銜接上在下半月挪移進入僕役宮的祿存。人際關係的維持可以為你在這個月帶來預期之外的收穫，或者至少讓你遇到的問題減少。

至於風險的管控，很重要的第一點是控制住精神的浮動與糾結，這與進入地支位巳宮的陀羅星有關聯，也會影響到財務開支的決斷力。而在本月下半段，陀羅星的影響會進入跟工作、感情相關的位置，加上流年本就有的擎羊，在感情與工作上很容易有波動，這一點對於紫微破軍、太陽太陰、天同巨門、武曲貪狼、廉貞七殺同宮，以及天機天梁對拱的人要特別的小心（基本上所有人都要小心應對）。另外，要管控好在工作場域與感情的變化之外，若有出行的計畫，更放慢的規劃非常重要，再怎麼樣忙碌或者是困難都不能夠降低風險防範的係數，也要預留計劃改變的餘裕。

第三季主題：太陰

金窩銀窩向來都比不上自己的溫馨小窩，有愛的地方就是家。
訂立清楚優先順序並實行，避免失焦。

七月

談笑之間可以處理很多事，請務必溝通、溝通、再溝通。

走到了這個時節點，固定的選舉連載篇章應該也準備進入到這一期的高潮了。整體的社會氛圍是浮躁的，資訊紛沓而來。隨著自己的信仰、對社會的想像、以及背負的包袱不同，每個人心裡面都會有各自的七上八下。幾乎已經成為標準配備地互揭瘡疤，也會有桃色相關的報導出現。不論是真是假，確實會勾起一波熱烈的討論，也可能引起激烈的爭執。

政治其實無法與個人切割，但如果受不了煩擾，拒絕接收這一些訊息，你也無法從貼身的日常生活之中完全抽離。因為在日常生活之中，同樣因為規則的異動、組織的調整，而有許多煩心的事接踵而來。這是因為在規則鬆動之後，自然會有許多後續的條文需要處理、補強。也有人會想要掌握這樣的時間差去套取自己的利益。若有新官上任，也難免新官上任三把火去彰顯自己的存在，同時原有的勢力也有可能會一定程度地牴觸心態，甚至最後會瘋狂地彼此傾軋。這是從天相化忌過渡到文昌化忌之間的整體社會氛圍。

文昌星代表著規則、條理與文墨。當文昌星化忌的時候代表相對應的事物有了空缺，缺乏了規則與條理，我們自然會在這個方向上更努力地意圖填補，之間也可能持續地破壞規則。就好比修房屋漏水，要先把牆面打破，才有可能深入修補。

可以去比對自己的命盤上面的文昌星進入了什麼位置，在相對應的指涉事物上，要特別注意合約、條款的簽訂。也要同時回頭查找相關的技術手冊，或者是彼此條約的留底，確認自己的責任以及義務。是不是要遵守，可以回頭看一下自己的風險承擔能力，再行確定棄守或者放棄合約是否恰當。若有投資項目的人，也可以回頭清點，可能有一些投資標的物不適合在當前繼續持有。

另一方面，文昌與文曲在這個月份的末端，同時開始四化。兩顆星曜都代表著腦神經以及思慮，並且連續好幾月下來，外在環境其實對大多數人來說持續地造成不安全感，所以本就有精神耗弱、情緒管控的難題、睡眠障礙之類問題的人要特別注意不要讓自己往負面的牛角尖鑽進去，身邊朋友若有這樣的問題也請大家多給予包容與關心。

當然在整體狀況似乎有那麼多不為己所控制的時空環境之下，也會有一批人選擇追逐小確幸，娛樂相關產業也會在此一時期蓬勃發展。

從太陽化祿轉向太陽化權的過程，各方勢力對於自己手中掌握或者制定的規則都會非常執著。對於自己的理想當然要掌握，但是在波動的大環境之下，你始終是要學會溝通。將自己的理念坦然地分享出來，並且詳細地解釋給他人聽，再接著尋求認同，這會是在這個月掌握自己運勢很重要的一個行為方針，因為同時代表溝通能力的巨門化祿，所以不斷地溝通、多方地串連，有機會讓結果更傾向自我的目標。

這整個月的機會經營重點，依然在於朋友、同事、同儕的關係經營，同時也要掌握機會多向外運作，例如人脈圈與交友圈的拓展，會有出乎意料的成果。上、中旬以人際關係的維持、遊說為主，出門要注意安全。當走進了本月下旬，可以多增加外出的行程，有機會得以透過好好彰顯個人特質與專業而取得好處。

關於風險的調控部分，這個月受到的影響主要會呈現在外在的人際關係、身體的養護以及事業上。將步調放緩，好好研究不足之處，同時處理好人際關係會是很重要的開運方法。注意不要過度操勞自己的身體，也要注意若精神或者是休息狀態不好，要避免自己駕駛交通工具。

另外，今年若有備孕計畫，又或者在此時此刻已經在孕期之中的準媽媽們，不要太過動，同時也要遵照醫囑，有任何疑慮就看醫生。還有本來婦科就容易不舒服的女性更是要提防任何造成孕期不穩定的狀態，千萬要注意，不要開玩笑。

◆八月◆

努力與認真都是剛剛好就好，有一種執著叫做為難自己。

時間進入下半年，來年的氣息與端倪也在中秋過後慢慢現形。對於很多人來說，到了這個時節點難免會有時間過得真快，怎麼一年又要過去的嗟嘆。這樣的嘆息其實是對更深層的焦慮感到無奈，這樣的焦慮往往表達的是一種明年復明年，看起來今年又沒有什麼起色、又搞砸了的心境。伴著秋天獨特的氣息，特別的萎靡，也特別的無所適從。

這樣的氛圍，非常貼合從文昌化忌轉化到武曲化忌的時間流動。很少人會完全符合真正意義上的不作為，完全躺平，針對任何問題的出現其實每個人都會用自己的方式處理與面對。如果選擇完全躺平，不安、焦躁、浮動的情緒出現的比例應該會更低才對，因為心中已經有了不作為的篤定，後續的結果其實大部分都是可以被預期的。恰恰正是努力地想要扭轉乾坤、改變現狀、開發新局，才會有各種別出心裁、突破規矩框架、嘗試重新制定規則之類的「官非」現象出現。「官非」究其根本，其實就是一種突破、改變現狀與約定的狀態。天相與文昌這兩顆星曜化忌或者遇到煞星的時候其實就滿足了這樣的狀況，而這一切都會從不安與不適開始。

本月前半段整體都還算是有動能，還在嘗試著突破與改變，但是疲態已經顯現出來。進入到下半個月，整體社會氛圍或者是個人心態消極的感覺會更加顯而易見。

沒有努力就不會有期待，也就不會有那麼大的失落感。

但你要知道，凡事講求剛剛好，連努力與認真也是剛剛好就好了，而這正是武曲化忌的時候不好拿捏掌握的細節。武曲星是一顆堅毅、務實的星曜，凡事講求一步一腳印的星曜特性，制定好了標準執行流程就會執行到底。制定或者遵循過標準執行流程（SOP）的人就會知道，這一套流程辦法最害怕的就是遇到突發狀況或者流程上沒有登載的變因。這個時候，再持續拿著原有的流程圖施工，那只會越來越辛苦。這完全就是相對不具備靈活特質的武曲星化忌時，最致命也最痛苦的關鍵。

查找一下自己命盤上武曲星所坐落的位置，在當前他發出的訊號其實是在提醒你要改變行進方式，針對對應的事物要保持彈性，轉念之後會有新的出路。

同時，武曲星是財星，化忌的時候也會讓人有深刻感覺到錢不夠。這可以是一個動力，讓你努力賺錢而取得成果。同時，汲汲營營於獲取財務的目標之上，過度堅持也難保不會有損失。這中間的差異主要看的是除了這一個流月造成的忌之外，你的武曲星是否同時遇到了第二個以上的煞、忌。要注意。

命盤上有武曲天相、武曲貪狼、武曲破軍組合的人，要特別注意財務引起的人際關係問題。

其實若你從今年一開始就照著每個月的提點，注意趨勢與風險的轉動，並理智觀察自己行為的變化，其實到這邊你受到牽制的感受會是相對低的。若追求能更一步掌握這個月份的趨勢，我們可以觀察一下天梁化祿、紫微化權、左輔化科在外在環境的展現以及連動自己命盤所產生的行動方針指引。

若有宗教信仰的人，保持善良，接觸正信的信仰，並進行祈福、祝禱，有機會收穫幫忙。也可以觀察自己命盤上天梁星所坐落的位置，相對應的事情透過祝禱的方式可以得到幫助。這也是身心靈相關從業人員一個拓展的好時機。最後，不要得罪老人，你不曉得你得罪的會不會是你的貴人。

同時，打人不能夠打臉。紫微星化權的時候相對務實，但是總歸面子問題重要，所以在這一段時間你自己或者是身邊的某方勢力會相對強勢，有時候讓你覺得不可理喻，但要用智慧軟化，同時用柔性、務實並兼顧他人立場的力量達成協議。

若你行有餘力的話，在自己能力範圍之內多幫助他人，會為你後續的人脈埋下好的種子。單身的人，要注意投入感情之前確認對方感情狀態，有無意之間成為小王的可能。若是在穩定的關係之中有第三者存在，這個月要特別提防東窗事發被抓到，因為左輔星在本月下半段開始化科。

本月風險與機會點的掌握，要注意額外的開銷以及過度使用自己的身體而造成健康問題，同時也要注意人際關係的經營。悶的時候可以出門散散心，見見好朋友，有機會得到不錯的回饋。下半個月，可以留意一下是否有進財的機會，但要注意的是回收的時間要在一個月之內，否則容易有額外枝節產生。

九月 想要的很多，但需要的真的沒有那麼多。

衝撞過、笑鬧過、滿懷希望過、也再次失望過，特別是看著手上的計劃與一開始的規劃有了落差，有些環節始終窒礙難行。迷失的氛圍、不知所謂的感覺、沒有方向感的橫衝直撞充斥著你的周圍。我希望你有好好服用這本書，那至少你在此時此刻不會像身邊的那些人一樣像是隻無頭蒼蠅。從一開始就設定好了風險承擔估算，在這樣的安全閥之中細微滾動修正本年度的各項方針，其實就是整個 2023 年的開運方法。你絕對可以為自已的夢想放手一博，你也有機會可以「交換」回你想要的成果。這本書的目標不是澆你冷水，而是在這樣整體外在環境都狂熱的氛圍裡面，透過凸顯每一個風險與障礙，持續地補給你的理智與清醒，加乘你的熱情，這才是熱情最銳利、最有效、最有機會達成目標，最有力量也最安全的樣貌。

這個月的上下旬分別被化忌的武曲星以及貪狼星引領，中間也有兩顆星曜特質交疊所建構的大環境狀況。之前有分享過，努力與認真剛剛好就好了，一門心思堅持到底在專業能力的培養上可以發揮大功勞，但是在本就瞬息萬變的環境之中很多時候就顯得靈活度不足。過於堅持，卻忽略周邊的訊息以及建言有可能會讓人走進死胡同，這在本月份的上半段態勢依然明顯，畢竟要讓一步一腳印特質的武曲轉向，可能真的得先讓他走到黃河邊，腳還要泡進水裡。另外一方面，貪狼星對任何事物都抱有興趣的特質，同時也不喜歡尷尬，希望在人際關係之中保持圓滑的貪狼星，在本月下半段開始發生影響。化忌的貪狼，要注意的是想法過於紛沓，特別在今年全年度夢想爆棚的整體氛圍之下，同時經歷過過去幾個月可能有的挫折，會讓人在這個時候想得多一些，多到不知道如何接手接下來的事物進展的狀態。所以在特定事情的處理上，你可以預期有一些停滯感，特別是貪狼也與人際關係相關。這樣的停滯感可能來自於過度的圓滑、顧左右而言他、消極，或者是橫衝直撞、將帥無能累死三軍卻無實際進展。

查找一下自己命盤上貪狼星所坐落的位置，要注意在宮位相關的事物上面會有一種打結的感覺。其實這個時候要理性靜下心來，認真地排列出所有重要的事物，並抓緊時間的節奏。可以的話我們當然希望所有自己在意的東西都可以齊頭並進有結果，但很多時候我們需要的是掌握關鍵的核心，先求不讓重要的事情停擺。這也是太陰化科的時候所給予的提示。

若你手上握有一定程度的決斷權，你要讓自己說出的話更有力道，才能堅定人心，讓一切可以正常推展，這是巨門化權的力量。當然你自己同時也會尋求有力的安慰劑，但是你要知道安慰劑始終是安慰劑，不論你從何處得到了什麼樣子的信心，不會改變的是眼前就有事情需要你決斷。這裡需要的是理性判斷，如果構築的前程不具有實際的執行性，你其實可以明確地看到這個方向的虛浮。不要為了抓住浮木，而錯把未來交付給空中樓閣。相信我，這樣子迷惑人心又讓人感覺深具說服力的話語會常常出現在你的生活週遭，今年一整年都是，這個月更明顯。

我雖然一直告訴大家要盤點自己的風險承擔能力，再行定止。但其實有一個例外，例如你已經山窮水盡、前路無法接續、快要溺斃、沒什麼好失去的狀態之下，你當然需要靠破軍的力量放手一搏。但這個時候你要考慮的還是要保持基本的建設性，至少下一步與下一招你要先想好，否則那只是加速沉溺而已，並不是背水一戰。如果你在意的話，接下來幾個月一直到新的一年，與官非相關的星曜很容易被引動，要將這一點放進你的決策之中。我也建議凡事盡量保持良善的心，特別是想要的真的會比需要的多很多，要分辨清楚。

命盤上有廉貞破軍、武曲破軍雙星組合的人，特別容易破財。

關於機會與風險的掌握，因為祿存星的位置，上個月就有提醒過大家，或許會出現一個可以在財務上得到增長的機會。但是週期很短，在本月中旬之前需要入袋為安，則「有機會」掌握這個機緣，建議結合自己的專業同時判斷，理性掌握。風險的部分會出現在家庭關係、額外開支以及感情上的衝動。注意理財的處理性。身體要照顧好，這是陀羅帶來的提示。同時正在孕期中或者備孕中的準媽媽們，對於自身身體的狀況要特別注意本月份婦科相關的問題容易有波動。配合產檢，保持身心平順。

第四季主題：貪狼

期待與傷害，就像不沾鍋塗層終究是要壞。
沒目的的雨露均霑從來都不是解決問題的方法，
就像意義不明的拖延症與不知所謂的熬夜。

十月

心中還是有悸動，但好好過日子真的很幸福。

很多時候我們都知道不能夠不前進，但是到底要往哪裡去，腦子裡千頭萬緒。於是停留在原地，什麼事情都不做，因為不知道怎麼做，也無法立定自己的心意。在周遭環境的影響之下，我們會開始覺得空想不是辦法，無助於事情的推展，所以硬逼著自己起身有所作為，卻兜兜轉轉地似乎怎麼樣都找不到一個舒服的姿態離開當下這個迷魂陣。

可不可以就先這樣子什麼都不做一下下就好？

其實是可以的。紛雜的想法可能來自於想要的太多，但是想要的東西與必要的東西其實完全是兩個概念，詳細分析之後，可能會發現對於當下時空沒有辦法運行的事情，瞎操心只是白費心機。如果不會傷害到自己或者其他人，沒有作為，其實沒有什麼不好。可能會有諸多原因讓人覺得什麼事都不做會招致很多的風險，其中一個原因就來自於從貪狼化忌過渡到太陽化忌可能產生的跡象。

組織、權力、方針又有了波瀾，如果你是手上本來握著舵的人，你自然會很擔心這一波的變動是不是會影響到自己的生活。你的焦慮來自於知道不便，那你的生活可能會產生一些改變，所以害怕。害怕的來源可能來自於你肩負的責任，又或者是你覺得你應該承擔的義務。在這樣的狀態之下，你想不清楚方向，恐懼感就會加深。但其實有一種可能，叫做「環境讓你先休息一下」——你被自己認為的人設框架太久了，忘了為自己著想。關於持續前行，你可能認為你可以，但你的精神以及肉體告訴你要休息一下，才能走更長遠的路。

生活無虞的狀態之下，你可以多享受家人、親屬之間的溫暖，特別是在變動之中難免有摩擦、官非之類不愉快的事情應運而生，透過休息看清楚方向其實很不錯。你也可以與自己珍愛的人、事、物，多相處，哪怕是坐下來凝視自己的夢想，你都可以獲取新的能量。因為你可能太久沒有時間好好聆聽身邊人的需求，很多問題可能是自以為，讓自己深陷在這些不存在的問題之中。

本月上半段的桃花特質旺盛，單身的人可以把握機會，有伴侶的人要注意不要擦槍走火。

休息沉澱之後再出發，掌握最基礎的問題，在基礎建設之上努力，有機會得到彰顯，因為在本月下半段武曲星會化科。但要注意一個可能的小小副作用，武曲星做為財星，化科的時候某種程度上等於錢財露白，也是破財的一個跡象。觀察武曲星進入自己命盤上什麼宮位，在相對應的事情上多留一份小心。若是有助於後續的規劃同時自己負擔得起，在合理的範圍之內這樣的破財跡象可以當作是投資，但煞、忌不能過多，最好同宮還有星曜化祿或者祿存。

掌握這個月份的趨勢，順勢發展要注意一切回歸到基本面，人情義理還有規則都是需要維護的。在廉貞化祿的時間點，謹守原則的人有機會在這個月得到相對應的回饋，或者至少降低可能的風險。這樣的風險高機率會呈現於人際與財務關係之上。夢想與目標的差異在於可實行性的高低。如果內心有任何想要執行的企劃，要注意要是可以實行並且持續進展的。如果有餘裕，其實可以將這樣的計畫延伸到來年，從此刻開始強佔明年的先機。

本月份的祿存會隨時間從子女宮往兄弟宮推移。有生育計畫的可以把握這個時間點，同時也可以利用這個時間增進家人與親子之間的關係，當然沒有生育計畫的人就要注意避孕。人際關係的經營，多與人為善有機會帶來意料之外的收穫，也可以讓充滿挑戰的日常變得相對平順。風險的部分會在自己的行為、衝動、感情、財務關係之間游移。凡事不要過於衝動，投資理財上要注意風險，這個月份有損財的跡象。伴侶之間的感情需要維持與包容，如果還在乎，那就要花心力，同時要對外在誘惑有自制力。

◆十一月◆

回顧過去展望未來，從小習慣開始養成踏上收穫的旅程。

在這個月，依然所有心力都要回歸到基本面，大開大闔不是不可以，但是你要讀懂空氣，並且對於自己正在執行的事情需要有通透的了解。在穩定之中求新求變才能讓整體的條件真正達到長治久安，但總是忍不住懷疑當下的每一個決定是否正確，或是還有沒有其他的空間，始終對於離開熟悉的、安逸的環境感到情緒上的牴觸。

但是舊日的太陽正在你的眼前日落西沉，如果持續地負隅頑抗，那只會跟著沉入海。縱使身邊有著許多不同的聲音對於你的諸多決策提出不同的看法，你還是可以回歸基本面，你會發現應該遵循的方向從來都沒有變過，只是一直被你下意識地忽略。只要做好安全措施，你可以從小小的習慣改變開始，這不會有風險。所有的絕招，都來自於小習慣點點滴滴的積累，最後匯流成河。一點一點地，站穩每一步再踏出下一步，往自己希望的方向靠近。

從太陽化忌過渡到太陰化忌的時節，許多明面上的勢力會有崩亂的狀態。很多時候讓你覺得周邊發生的事情無法以常理度，讓你有疲於奔命、無所適從的感覺。周圍環境會瀰漫著一股自掃門前雪的特質，大多數的人包含自己都會開始惦量自己的付出與收穫是不是成正比，在這樣的氛圍之上，人際之間的盤算就會加重，這個是太陰化忌的特質。畢竟整體大環境狀況並不明朗，每個人站在自己的安全感構築上變得相對保守，內縮是完全可以預期的。所以各行各業在這樣的環境上要尋求突破，需要提供更多元的服務，以及要更貼近顧客的需求，如果能夠在提供的服務之中同時滿足划算與情感訴求，會是異軍突起的關鍵。

個人方面，若要做出區隔並在這樣的氛圍之中突破，首重保持理性。要明白付出與收穫都是比較級，個人認知的付出未必符合組織與當下時空的需求，若陷溺於這樣的價值判斷誤區之中，很有可能造成實質的損失。這一點可以注意太陰星進入自己命盤上面的什麼宮位，在本月中旬開始延續到下一個月，這都是要持續提醒自己保持警醒、不要陷入情緒泥淖的關鍵。

你已經做好準備要好好調整自己，開始規劃新的方向，例如回顧今年展望明年，開始客觀訂下可行的方針以及執行方向。這個時候一定會有阻礙產生，也會在開始執行之後出現源源不絕的理由告訴你不可行。這多半來自相對保守的力量，因為天梁在這個月下半段化權。相對保守的力量，同時也代表著尊嚴以及地位的捍衛，因為紫微星會同時化科。所以這個時候你若能夠兼顧保守勢力的利益以及體面，就可以突破僵局。另外一個小提醒是不要把所有意見的輸入當成是敵意，客觀判斷會有許多敦促你進步以及提醒你疏漏的訊息埋藏其中。

本月份的機會以及風險的掌握，首先我們可以觀察到祿存星的挪移位置，在本月上半段往下半段的進程中，祿存星從地支寅宮轉進卯宮，透露出若能在本月前半先做好服務，則本月下半機會將直接回饋到自身。這一個機會的掌握其實非常需要智慧，因為在本月上半代表衝動、決斷、決心、情緒、衝勁的擎羊星恰恰會與自己的行為舉措重疊，所以對於自己的反應和情緒要做到細緻地掌控，並且將眼光放遠，同時保持自己十足的動力以及企圖心，才能掌握整體的運勢往有利於自己的方向發展。取得任何進展的同時，不要忘記他人的成全（哪怕根本沒人成全你，為了減少牴觸，你的得獎感言還是要感謝所有人），特別注意要經營與攏絡上行單位或者較資深的力量，不要讓人有被踩踏的感覺。陀羅帶來的需要信心面對的訊息，在於感情、親屬、團隊、人際關係之間。特別是命盤上有天機巨門同宮、天機天粱對拱的人，要特別注意人際關係的變動，若有固定伴侶關係也要在繁忙的生活之中花心力穩固關係、增進感情。

十二月

保持開放的心態，你會知道你可以在哪裡翱翔。

壓抑了許久，當囚牢露出了空隙，就不顧一切地衝破。一切都有些陌生，但是心中想要遨翔的慾望壓下了一切質疑，大聲地昭告天下自己的想望，哪怕心中沒有方向也算是為自己補充了力量。隨著時間的進展，最初以為的遠大前程似乎與自己的真正的意向同關懷並不重疊，但前往夢想的路上卻好似始終看不到黎明。慢慢地熱情被消耗一空，動能漸漸變成一種不得不的機械化反應。進退維谷，進一步是懸崖，退一步是天涯，與曾經不顧一切投入的夢想天涯一方的天涯。在這樣的情況之下，道義規則似乎都可以抛開，窮盡一切力量還是想找到囚籠的間隙，讓自己可以多少拿回一些什麼，然而是什麼其實並不被在乎。

一年走到了末端，大環境陷入了一種膠著，無所適從。年初開始的大反彈並不是沒有見效，但是過度激進與過去幾年的壓制造成的一往無前，最大的問題在於客觀的可行性規劃還有持續力的維持。很多人可以瀟灑地揮揮衣袖，進入蟄伏，盤整之後再戰江湖。另外其中也有許多人在這樣凝滯的氛圍之中，會想要突破規則與框架，為自己謀得一些利益或者是一些資源可以接續前路，這其實就是從太陰化忌過度到廉貞化忌的氛圍現象。

沒有誰是絕對的壞人，也因為有多種正義，所以我們才會爭奪、才會戰爭。不是要你婦人之仁或者同流合污。而是客觀理解，提高防止被流彈打到的安全意識，然後保持善良。

還記得年初要大家好好地盤點自己的風險承擔能力嗎？那其實是在為大家開啟夢想的堅實後盾，讓大家可以在劃定的框架裡面無後顧之憂地往前衝。如果包袱比較重，無法放膽前進，而有險些錯過的感覺，那其實是比較而來的錯覺，適當的機緣還沒到，本書的方針也為你起到穩定安全的防護作用。基於前面的原因，在諸多切入的角度之中，我選擇了更多專注在個人、情緒、觀感然後加入外在的風險的方式分享每個月的軌跡，因為「人」是這盤棋裡面最重要的因素。相信也希望在這個時間點這樣的用心會被感受到。

我們從年夜飯的餐桌開始，在再次坐上年夜飯餐桌之前的這一個月，我們還是有一些方法可以讓自己過得更舒心。天同在這個月份化祿，保持著隨和的態度，多與人為善可以讓你減少很多煩惱。要記住年夜飯當天也都還在這波力量之內，你有一個月的時間練習笑容，哪怕是假的，但是安寧會是真的。教育、小吃、娛樂產業有機會把握這一段時間開出不錯的成績。前面提過廉貞星化忌在這個月可能造成的影響，時不時心中總還是會有聲音出現，提出對於堅持規範的質疑，因為看起來似乎一直都沒什麼好的成果。平安是福，特別是天機化權以及文昌化科的這個月，其實踩線的行為很容易被浮上檯面，不要有僥倖的心態。

在能力範圍之內可以多幫助他人，給予一些知識或經驗的分享，又或者是單純的陪伴，約三五好友吃飯、花點小錢增進情感與幸福感，都可以讓你在這個月舒服許多。但要注意很多事情不要臭屁過頭，雖然是好意，但只要意念傳達到就好了，將決定留給當事人。當然你也有可能遇到對你的生活說三道四的人，做不做以及是否要採納意見，決定權始終在你，繞開話題維持歡樂氣氛是重點，你是在為自己保持愉悅的心情而不是在取悅其他人。

這個月份的機會掌握以及風險調整可以參考祿存的移動軌跡。在這最後一個月之所以提醒大家要與人為善，並保持良好心情，是因為「機會」會進入與來財相關的位置，而且會延續到新的一年，所以不單單只是年終獎金如此簡單，其實好好維持關係，可以讓你在新年伊始就有開出紅盤的機會。至於擎羊與陀羅在這段時間裡則始終纏繞在與人際關係、長輩、家人、財庫相關的宮位。如果你堅守住了原則，官非的影響不高，但要注意身體的養護，還有關係的維護。凡事的付出，都要量力而為。剩下的就是好好地、開心地走過年夜飯餐桌政治即可。

學會看流年

用紫微斗數看懂自己的流年運勢

作者 — 大耕老師、琥珀老師
設計 — 張巖
主編— 楊淑媚
校對 — 林雅茹、楊淑媚
行銷企劃 — 謝儀方

總編輯— 梁芳春
董事長— 趙政岷
出版者— 時報文化出版企業股份有限公司
108019 台北市和平西路三段二四〇號七樓
發行專線—（02）2306—6842
讀者服務專線—0800—231—705、（02）2304—7103
讀者服務傳真—（02）2304—6858
郵撥—19344724 時報文化出版公司
信箱—10899 臺北華江橋郵局第 99 信箱
時報悅讀網 — http://www.readingtimes.com.tw
電子郵件信箱 — yoho@readingtimes.com.tw
法律顧問 — 理律法律事務所　陳長文律師、李念祖律師
印刷 — 勁達印刷有限公司
初版一刷 — 2022 年 12 月 16 日
初版五刷 — 2024 年 7 月 22 日
定價 — 新台幣 420 元

學會看流年 / 大耕老師 , 琥珀老師作 . -- 初版 . -- 臺北市 :
時報文化出版企業股份有限公司 , 2022.12　面 ;　公分
ISBN 978-626-353-228-1(平裝)
CST: 紫微斗數

293.11　111019385

時報文化出版公司成立於一九七五年，並於一九九九年股票上櫃公開發行，於二〇〇八年脫離中時集團非屬旺中，以「尊重智慧與創意的文化事業」為信念。